LE GIBET

DE

MONTFAUCON

PARIS, IMPRIMERIE JOUAUST ET FILS, RUE SAINT-HONORÉ, 338

LE GIBET

DE

MONTFAUCON

(ÉTUDE SUR LE VIEUX PARIS)

GIBETS. — ÉCHELLES. — PILORIS. — MARQUES DE HAUTE JUSTICE.
DROIT D'ASILE. — LES FOURCHES PATIBULAIRES
DE MONTFAUCON. — DOCUMENTS HISTORIQUES.
DESCRIPTION. — LA LÉGENDE DES SUPPLICIÉS.
SCÈNES DE LA DERNIÈRE HEURE.

PAR FIRMIN MAILLARD

PARIS

AUGUSTE AUBRY, ÉDITEUR
RUE DAUPHINE, 16

—

1863

Se vous clamons, frères, pas n'en devez

Avoir desdaing, quoyque fusmes occis

Par justice. Toutesfois, vous sçavez

Que tous les hommes n'ont pas bon sens assis;

Intercédez doncques, de cueur rassis,

Envers le Filz de la Vierge Marie :

Que sa grace ne soit pour nous tarie,

Nous préservant de l'infernale fouldre.

Nous sommes mors, ame ne nous harie;

Mais priez Dieu que tous nous veuille absoudre !

LE GIBET

DE

MONTFAUCON

———

Décrire tous les lieux où jadis on exécutait serait une rude besogne : chaque pavé de notre bonne ville de Paris est rouge. Cependant, avant de faire l'historique du gibet de Montfaucon, objet de cette monographie, indiquons sommairement quels étaient les principaux emplacements affectés au supplice des criminels.

Les plus anciens lieux patibulaires furent, — à ce que dit Sauval, et il n'en est pas sûr, — Saint-Denys du Pas, Montmartre et la Croix du Tiroi (1).

Sur la place Sainte-Marguerite-Saint-Germain s'élevaient une échelle et un pilori où étaient exécutés ceux qui se trouvaient sous la haute justice de l'abbé

(1) Sauval, *Histoire et antiquités de la ville de Paris* (1724. 3 vol.

de Saint-Germain-des-Prés ; — le pilori était plus que l'échelle, et ces marques de haute justice, l'échelle et le pilori réunis ne devaient appartenir qu'à un grand seigneur : cependant, quelque rang qu'il eût, il ne pouvait avoir un pilori là ou le roi avait le sien.

in-fol.), t. II, p. 583 — *Traihouer, Traihoir, Trihouer, Tyroer, Tiroye.* — Je n'en finirais pas, si je voulais citer toutes les variantes de ce mot.

LA CROIX DU TIROIR.

Cette croix me met bien en peine :
Que fait-elle dedans ce lieu ?
Seroit-ce une Croix de par Dieu,
Ou bien une croix de Lorraine ?
Nenny, c'est la Croix du Tiroir,
La seule noble antique à voir,
Dedans ce village moderne :
Qu'elle est grande ! On la voit de loin ;
Mais sa disgrâce me lanterne :
Pourquoi l'a-t'on mise en ce coin ?

Muse, c'est ce qu'il me faut dire ;
Autrement, je crie aux voisins,
Et nous ne serons pas cousins
A la fin de cette Satire :
Brûle, comme magiciens,
Plustost tes livres et les miens...
Ha ! ma mémoire s'est refaite.
Sçavez-vous pourquoy c'est, Badaults ?
C'est qu'icy la reyne Gilette (1)
Fut tirée à quatre chevaux.

(*La Chronique scandaleuse,* ou *Paris ridicule,* de Cl. Le Petit, un

(1) Cl. Le Petit se trompe au sujet de la *reyne Gilette.* — Ce n'est pas à la Croix du Tiroir que reine Gilette (Brunehaut) fut tirée à quatre chevaux. V. la curieuse étude de M. X. Girault, *Dissertation historique sur le lieu de supplice de Brunehaut.* In-8, 1811.

L'évêque de Paris (1) avait son échelle sur la place du Parvis ; on y *prêchait* et *mitrait* les individus condamnés à faire amende honorable. Ce fut sur cette place qu'on lut le décret du pape Clément V (Bertrand de Got), décret qui condamnait à mort tous les Templiers. — L'échelle du Parvis-Notre-Dame disparut au commencement du XVIIIe siècle.

Le Chapitre de l'église Notre-Dame avait établi la sienne près du port Saint-Landry : on la rompit et l'emporta en 1410 ; — le prieur de l'abbaye de Saint-Martin-des-Champs, au coin de la rue Aumaire et de la rue Saint-Mar.., et le grand prieur de France, à l'extrémité de la rue des Vieilles-Audriettes, qui s'est longtemps appelée rue de l'Echelle-du-Temple, à

poëte sur lequel nous reviendrons plus longuement à la fin de notre livre.)

Colletet n'a pas oublié non plus « ce carrefour noir de peuple », comme dit Victor Hugo dans son admirable *Paris à vol d'oiseau*.

> Sçais-tu quelle est cette fontaine ?
> Ce n'est pas la Samaritaine ;
> C'est l'autre que tu viens de voir,
> C'est icy la Croix du Tiroir,
> Place où Némésis punit le vice
> Du honteux et dernier supplice.
> Prens garde contre ce poteau
> De t'aller casser le museau !
> Ne t'es-tu point blessé la joüe ?
> C'est un voleur sur une roue
> Qu'on expose là quelque temps,
> Pour servir d'exemple aux passans.

(*Le Tracas de Paris.*)

(1) Le siége épiscopal, qui remonte au moins au IIIe siècle, n'a eu que le titre d'évêché jusqu'en 1622.

droite en entrant dans la rue du Temple. — Pendant la minorité de Louis XIV, des jeunes seigneurs, une nuit d'orgie, y mirent le feu ; elle fut rétablie sans bruit quelques temps après (1).

L'abbé de Sainte-Geneviève avait son échelle près de l'église. Enfin, le prieur de Saint-Éloi, les abbés de Saint-Magloire et de Saint-Victor, le prieur de Saint-Lazare, la Ville..... tous avaient leur échelle et rendaient haute et basse justice sur leurs terres. Les habitants de Paris s'étant plaints du voisinage de ce grand nombre de Justices subalternes, le roi, pour mettre un terme aux conflits que l'incertitude de leurs limites et la prévention des officiers du Châtelet faisaient souvent naître, rendit un édit (février 1674) par lequel il réunit et incorpora à la Justice du Châtelet le Baillage du palais et toutes les Justices des seigneurs qui se trouvaient soit dans la ville et les faubourgs de Paris, soit même dans la banlieue.

Dix-neuf Justices furent comprises dans cette sup-

_____

(1)   L'ESCHELLE DU TEMPLE.

Grâce, grâce, ou miséricorde !
S'en va-t'on pendre icy quelqu'un ?
Est-ce une eschelle du commun,
Ou bien une eschelle de corde ?
Non, c'est une eschelle de bois,
Où les Templiers autrefois
Ont confirmé, par leur exemple,
Pour aller au ciel où vit Job,
Qu'un bout de l'eschelle du Temple
Vaut toute celle de Jacob.

(*La Chronique scandaleuse*, ou *Paris ridicule*, de Cl. Le Petit.)

pression ; cependant, pour des considérations parti-
culières, le roi excepta depuis les Justices de l'Arche-
vêché, du Chapitre de Paris, de l'abbaye de Saint-
Germain-des-Prés, du Temple et de Saint-Jean-de-
Latran ; seulement elles devaient être exercées dans
les enclos, cours et cloîtres, selon les conditions et
restrictions portées par les Lettres et par les Arrêts
d'enregistrement (1).

On brûlait au cimetière Saint-Jean ; il y avait une
croix à la porte Baudete, — à la place de l'échelle du
prieur de Saint-Eloi, — en vertu d'une autorisation
donnée en 1320 par Philippe le Long aux bourgeois
qui demeuraient près de l'église Saint-Gervais. Quelquefois on exécutait impasse des Bourdonnais, sur la

(1) Loyseau, Œuvres (*Les Traitez des Seigneuries*). 1678, 1 vol.
in-fol. — De La Mare, *Traité de la Police* (Paris, 1722, 4 vol.
in-fol.), t. I, liv. 1ᵉʳ, titre IX, p. 145. — Voir aussi le *Traicté
des Droicts honorifiques des seigneurs ès églises* de Mathias Mareschal (1665, 1 vol. in-4), et quelques arrêts curieux au sujet des
conflits qui s'élevaient entre les juridictions : *Arrêts et exécutions au
XIIIᵉ siècle.* — *Anciens arrêts extraits des registres* Olim — Revue
Rétrospective. 1833-1838, t. VIII, p. 5-14, etc.
A chaque instant, du reste, et selon le caprice du monarque, le
nombre des hauts justiciers augmentait ou diminuait : « (1487) Le
Procureur du Roi au Chastelet alla en divers lieux de la Prévosté et
Vicomté de Paris faire démolir les fourches patibulaires, carquans,
eschelles, et autres marques de haute justice, attendu que le roi
Louis XI avoit accordé à plusieurs droit de haute justice, qui fut
révoqué par édit de révocation générale de tous dons de portion du
domaine aliéné depuis le deceds de Charles VII que fit publier
Charles VIII à son avénement à la Couronne. » (Sauval, t. III, p.
481.)

place aux Chats, à la fosse aux Chiens, sur le marché aux Pourceaux, qui était à la butte Saint-Roch.

Il y avait au carrefour Guilleri une échelle et un pilori, et c'était là principalement que se pratiquait l'essorillement (1). On coupait une oreille au voleur, les deux en cas de récidive. Pour certains crimes on coupait d'abord l'oreille gauche, à cause, paraîtrait-il, d'une veine correspondant aux parties de la génération; — et ce n'est que justice, dit charitablement Sauval, ces gens-là ne pouvant faire que de petits voleurs.

Les soldats étaient exécutés sur la place de l'Estrapade, entre les rues du Poste de la Vieille-Estrapade et des Fossés-Saint-Jacques. On les y arquebusait plus souvent qu'au Pré-aux-Clercs (2).

(1) Sauval fait même venir de ce genre de supplice le nom de ce carrefour : *Guigne-Oreille*, et en langage corrompu *Guillori*. — Nous lisons dans Jaillot, *Recherches critiques, historiques et topographiques sur la ville de Paris* (5 vol. in-8, 1762), t. III, p. 15 : « Le Rôle de la Taxe de 1313 porte qu'un Maréchal appelé *Guillori* y demeurait. On trouve aussi un fief qui a le même nom, ce qui aura sans doute engagé à le donner à ce carrefour. »

(2)   L'Estrapade.

Enfin, tu vois bien l'Estrapade ;
Triste et douloureuse escalade,
Où l'on fait monter quelquefois
Ces grands violateurs de loix,
Je parle de loix militaires,
Qui sont justes et fort sévères.
Item auprès est le gibet
Où le criminel, au colet
Une fois pris, n'en peut descendre,
Parce qu'il a gagné le pendre.

(*Les Tracas de Paris*, par F. Colletet.)

La place qui était devant la Bastille, les cours de cette forteresse, le Pont-Neuf, la porte Saint-Jacques, la porte Saint-Denis, la cour du Châtelet, la cour du Palais de Justice, le pont Saint-Michel, la place de la Porte-Saint-Antoine, que sais-je encore ? tous ces lieux ont servi de lieux patibulaires tout aussi bien que la croix du Tiroi, la Seine, le marché aux Pourceaux, la place Maubert, le pilori des Halles (1), la place de Grève et le gibet de Montfaucon, qui fait l'objet de cette notice.

Montfaucon, selon J. Aymar Piganiol de la Force (2), prit son nom d'un seigneur nommé *Fulco* ou *Faucon*, qui en était propriétaire, ainsi que des terres environnantes. Sauval,— s'il faut s'en rapporter à lui, — assure même qu'en 1189, Robert, fils de ce *Faucon*, vendit à Saint-Lazare deux pièces de terre qui étaient entre Saint-Lazare et ce gibet (3). On re-

---

(1)   LE PILORI.

Deschargeons icy nostre flegme
Dessus ce chilindre pourry :
Ce Gibet, nommé Pillory,
Mérite bien un apophthegme.
Quoiqu'il soit en estat piteux,
Il fait voir à ce siècle honteux
Qu'on faisoit autrefois justice ;
Et conclut enfin contre luy,
L'ayant privé de son office,
Qu'on ne la fait plus aujourd'huy.

(*La Chronique scandaleuse*, ou *Paris ridicule*, de Cl. Le Petit.)

(2) PIGAGNIOL DE LA FORCE, *Description historique de la ville de Paris*, etc. (10 vol. in-12, 1765), t. III, p. 518.

(3) SAUVAL, t. II, p. 585.

marque encore que sous Lothaire et Louis V, derniers rois de la seconde race, un comte nommé *Faucon* possédait une terre près de là, terre dont il fit don à l'abbaye de Saint-Magloire. C'était donc sur cette butte, située près de la route d'Allemagne, à l'extrémité du faubourg Saint-Martin, entre les rues des Morts et de la Butte-Saint-Chaumont, et à l'ouest de la route qui conduisait à Pantin (la rue de l'Hôpital-Saint-Louis), que se trouvait la grande Justice de Paris, comme on appelait alors les fourches patibulaires de Montfaucon. Depuis combien de temps le gibet était-il dressé en cet endroit, c'est ce que l'on ignore, et les plus anciens actes dans lesquels il en soit fait mention sont un acte d'accommodement du mois de septembre 1233, entre le prieur de Saint-Martin-des-Champs et le Chapitre de l'église Notre-Dame (1), et un acte de vente du mois de juin 1249 (2), parlant

(1) DE LA VILLEGILLE, *Des Anciennes Fourches patibulaires de Montfaucon*, etc. 1836, in-8, p. 23-25. — « Notum facimus quod, cum contentio verteretur inter nos ex una parte et decanum et capitulum parisiense ex altera, super quibusdam terris et vineis quas nos tenemus ab eodem capitulo in Censu communi, videlicet in via que ducit apud Rauredum undecim arpenta terræ en la longue Raie ; quatuor arpenta et dimidium quarterium juxta pressorium combustum, duo arpenta et dimidium quarterium circa gibetum, quatuor decim arpenta, etc. » ARCHIVES DU ROYAUME, *Section domaniale*, § 216.

(2) « Nicholaus Gibouyni vendidit capitulo beate Marie parisiensis, ad opus horarum ecclesie parisiensis in perpetuum, pro viginti libris parisiensibus jam sibi solutis, sicut confessus est coram nobis trigenta solidos parisienses, augmentati census quos habebat

tous deux du gibet établi sur le fief du Cens-Commun.
Ce fief du Cens-Commun, appartenant au Chapitre Notre-Dame, était situé sur la route de Meaux, entre
l'enclos Saint-Lazare et la butte Saint-Chaumont.

Dans un roman composé en 1270 ou 1274, *Berte
aus grans piés*, du poëte Adenès, ou, comme dit Moreri,
dy roix Adnès, il est aussi question d'un certain Tybert
pendu aux fourches de Montfaucon.

> Quant la vielle fu arse, Tybert font ateler,
> Tout parmi la grant rue le firent trainer,
> A Montfaucon le firent sus au vent encrouer (1).

Tout ceci démontre victorieusement que ce gibet ne
doit sa fondation ni à Enguerrand de Marigny (né en
1260), ni à Pierre Rémy, comme le prétend Corrozet,
— Pierre Rémy ayant été pendu le 25 mai 1328. —
Est-ce Pierre de Brosse (ou La Brosse) qui le fit con-
struire ? rien ne le prouve, mais on ne peut s'empê-
cher de remarquer avec Etienne Pasquier que le gibet
toucha cruellement ceux qui y avaient touché, et Enguerrand de Marigny, Pierre de Brosse, Pierre Rémy,
qui tous le firent réparer, y furent pendus, à l'excep-
tion du dernier, qui y fit amende honorable.

Quant à la description du gibet, c'était, du temps de

et percipiebat annuatim super tribus arpentis vinee site juxta pressorium sancti Martini prope *gybetum*, in censiva ejusdem capi-
tuli, etc. »

(1) *Li romans de Berte aus grans piés*, publié par M. P. Paris
(1832, in-12).

a Ligue, nous dit Sauval, une masse de pierres sur-
montée de seize piliers (1); on y arrivait par une
rampe faite de pierres assez larges et que fermait une
porte solide. Cette masse avait la forme d'un parallé-
logramme; elle était haute de deux à trois toises, longue de six à sept, large de cinq à six, et composée de
dix ou douze assises de gros quartiers de pierres bien
liées et bien cimentées. Les piliers étaient gros, car-
rés, et chacun avait trente-deux ou trente-trois pieds
de hauteur. Pour joindre ensemble ces piliers et y attacher les corps des suppliciés, on avait enclavé dans
leurs chaperons, à moitié de leur hauteur et à leur
sommet, de grosses poutres de bois qui traversaient

(1) *La Satyre Ménippée* (édit. de C. Nodier, 1824, 2 vol. in-8) ,
t. II, p. 173 :

> A chacun le cien, c'est justice.
> A Paris seize quarteniers,
> A Montfaucon seize piliers,
> C'est à chacun son bénéfice.

Et plus loin, t. II, p. 192 :

> Seize Montfaucon vous appelle,
> A demain crient les corbeaux,
> Seize piliers de sa chapelle
> Vous serviront de tombeaux.

Et Pierre de l'Estoile, *Journal de Henri III et de Henri IV* (Collect. Petitot, 5 vol. in-8.) :

> Les Seize ont ja pris possession
> Des seize pilliers de Montfaucon,
> Pourveu aussi qu'ils ne soient davantage;
> S'ainsi estoit, ce seroit grand dommage,
> Et en danger d'un différend entre eux.
> Non, non, le gibet est fait à deux estages,
> Il en pourra haut et bas trente-deux.

de l'un à l'autre et supportaient des chaînes de fer d'un mètre cinquante de longueur. Contre les piliers étaient toujours dressées de longues échelles destinées à monter le patient au gibet. Au milieu de la masse, sur laquelle se trouvaient les piliers, était une cave disposée pour recevoir les corps des suppliciés, qui devaient y rester jusqu'à destruction entière du squelette (1).

Quelques autres Justices croissaient aussi là, à l'ombre du grand gibet (2); mais, petits gibets suppléants, ils ne fonctionnaient que le temps qu'on passait à remettre en bon état leur glorieux aïeul.

(1) C'est dans ce charnier que les magiciens venaient chercher des cadavres, et en 1407 le Parlement donna mission au Prévôt de Paris de poursuivre activement les individus qui dépouillaient les gibets des charognes de ceux qui y avaient été pendus. (*Registres de la Tournelle criminelle*, cités par Dulaure, édit. in-12, t. IV, p. 31.)

(2) SAUVAL : « Il y a un chapitre d'autres œuvres faites pour une Justice de nouveau faite près la grande Justice de Paris, outre Saint-Laurent, ladite Justice commencée depuis le vingt-sept mars 1416 sur une petite montagne, près de l'ancienne Justice. » (T. III, p. 269.)

« Petit gibet de bois, qui avait été fait près la grande Justice, lequel a été abbatu et démoli en cette année, parce que ladite grande Justice avait été rétablie cette même année. » (T. III, p. 270.)

« Autres œuvres faites pour une Justice de nouvel faite près de la grande Justice, outre Paris :

« A Jean du Mont et Urbain Riant, charpentiers, pour avoir fait une Justice qui servira tandis qu'on remettra à point la grande Justice de la bonne ville de Paris, laquelle Justice est faite de quatre pans de bois, de quatre potiaux cormiers, chacun de trois toises et demie de haut, etc. Une eschelle pour ladite Justice de quatre

Marques de haute justice, les fourches patibulaires différaient en raison de la qualité des seigneurs auxquels elles appartenaient (1). Elles différaient par le nombre des piliers : ainsi les ducs en avaient huit, les comtes six, les barons quatre, les châtelains cinq, et les simples gentilshommes haut-justiciers deux. — Le roi seul pouvait en avoir autant qu'il le jugeait convenable. Sous Charles IX, il n'était pas rare de voir de

toises ou environ : payé ausdits charpentiers, pour lever peines seulement, fournitures de chables et engins pour lever ladite Justice, douze livres parisis; le Roy ayant fourni la charpente.

« A maçon, pour avoir ouvré et besogné de leur mestier depuis le 27 mars 1416, en la Justice nouvellement ordonnée être faite outre Saint-Laurent, hors Paris, sur une petite montagne près de l'ancienne Justice, etc. » (T. III, p. 273.)

« Audit Jean Tiphaine la somme de 24 sols parisis, pour sa peine et salaire d'avoir, au mois de novembre dernier passé, dépendu et enterré les corps morts de ceux qui avoient été exécutés au petit gibet de bois, qui avoit été fait près de la grande Justice, et lequel petit gibet, après ce que les corps ont été ainsi dépendus et enterrés, a été démoli et abbatu, pour ce que la grande Justice a été refaite et remise à point. » (T. III, p. 278.)

Dans les Comptes de l'année 1458, on trouve encore : « Œuvres et réparations faites à cause d'un nouveau gibet fait outre la paroisse Saint-Laurent, appelé le gibet de Montigny. — Ledit gibet naguères fait de neuf près de la grande Justice de Paris, etc. » (T. III, p. 359.)

Et enfin : « Une petite Justice, faite de neuf, près la Justice de Montfaucon, le lundy septiesme février 1485. Est fait mention de la Justice nommée de Montigny, dont les pierres furent employées à faire ladite nouvelle Justice, etc. — Et fut aussi un gibet joignant le grand gibet, qui est en danger de choir et tomber de jour en jour, etc. » (T. III, p. 475 et 476.)

(1) Loyseau, p. 8.

soixante à quatre-vingts personnes *faire le guet* à Montfaucon, comme disait le populaire (1).

(1) A propos de cette expression, il nous a paru curieux de
réunir ici, sous les yeux du lecteur, la plupart des équivalents po-
pulaires concernant la potence et ses victimes. Pour cela nous n'a-
vons eu qu'à puiser à pleines mains dans l'ouvrage de M. Francis-
que Michel, *Etudes de philologie comparée sur l'argot* (1856, in-8).

METTRE A LA BISE :

> Se n'eusse eu mon assez
> De Liétard tôt à ma devise,
> Ge l'féisse *mettre à la bise...*
> J'avoie si la chose emprise
> Qu'enz el bois le féisse prendre,
> Et à un chesne moult haut pendre.

(*Le Roman du Renart*, t. II, p. 301, v. 17,790.)

— VENDANGER A L'ESCHELLE :

> Si une fois vous puis reveoir,
> Je ne vous garderay que ung peu,
> Vous ferez raisin de Vismeu,
> *Vendangiz serez à l'eschelle.*

(*Le premier Volume des Catholiques Œuvres et Actes
des Apostres*, 1541, feuil. XV recto, col. 1.)

— CROITRE D'UN DEMI-PIED :

« Vien-t'en avec moy, et nous retirons, afin qu'on ne nous fasse
croistre d'un demi-pied plus que nous ne voudrions. »

(*Le Morfondu*, comédie de P. de L'Arivey, a. V, sc. IV.)

— APPROCHER DU CIEL A RECULONS :

« Vous autres..., on vous pourroit bien avec une eschelle faire
approcher du ciel à reculon. »

(*Péripatétiques Résolutions et remontrances sentencieuses
du docteur Bruscambille aux perturbateurs de l'Estat.*
Edit. des *Joyeusetes*, p. 10.)

— DANSER UN BRANLE EN L'AIR :

> Je n'aurois qu'à siffler
> Pour te faire, demain, *danser un branle en l'air.*

(*L'Avare dupé*, ou *l'Homme de paille*, sc. 5.)

En tout temps ces misérables dépouilles répandaient une telle odeur que, lorsqu'on enterra Louise de Savoie, morte au château de Saint-Maur en 1532, on fut obligé de dégarnir les potences placées sur le tra-

Variante :

> Le vigneron Coupe-Javelle
> N'avoit porté poule ou dindon
> Au président Croque-Lardon...
> Ny Mars tiré ses pistolets,
> Ny le filou su tire-laine,
> Ny Jean-Guillaume (*le bourreau*) pris a peine
> De danser sur son chien de cou
> Le petit bransle de Poitou.
>
> (*Œuvres de Monsieur d'Assoucy.*)

— JEAN-GUILLAUMER :

> Le brave aventurier Mercure,
> A qui le temps dure et redure
> De vistement les yeux gommer
> D'Argus, pour le *Jeanguillaumer*
> Remet son flageolet en bourse.
>
> (*Œuvres de Monsieur d'Assoucy.*)

On disait aussi : *Chevalier de l'ordre de Jean Guillaume* pour *pendu.*
(Oudin, *Curiositez françoises.*)

— EPOUSER LE GIBET, — LA POTENCE, — LA VEUVE :

> Le beau gibet *espouserés*
> Pour estre de nopces tous troys.
>
> (*Mistère de la Passion de J.-C.*, sc. du crucifiement, édit. de Vérard, 1490.)

Louis XI, écrivant à M. de Bressuire au sujet d'un certain Huisson, annonce l'intention « de faire les préparatifs des nopces du gallant avec une potence ». (*Œuvres complètes* de Brantôme, t. I, p. 193, col. 1.)

Mais, si je voulais citer, je n'en finirais plus, car : FAIRE LA LONGUE LETTRE, TOMBER DU HAUT MAL (*Satyre Ménippée*, 1824, in-8, t. I, p. 47, 86 et 189); FAIRE LE SAUT, FAIRE LE SAUT SUR

jet du convoi (1), tant hors la porte Saint-Antoine qu'au faubourg Saint-Quentin (faubourg de la ville de Saint-Denis du côté de Paris). Tous ces débris furent portés au cimetière de l'église Saint-Paul à Paris, et à celui de la chapelle Saint-Quentin (2).

RIEN *Le Facétieux Réveille-matin des esprits mélancholiques*, 1654, p. 70); SERVIR DE BOUCHON, DONNER LE MOINE PAR LE COU (*Curiositez françoises*, d'Oudin); ETRE ÉVESQUE DE LA VILLE ET DES CHAMPS, DONNER LA BÉNÉDICTION PAR LES PIEDS (*Moyen de parvenir*, t. II, p. 71 ; GARDER LES MOUTONS A LA LUNE, FAIRE LE GUET AU CLAIR DE LA LUNE (*Contes et joyeux devis* de B. des Périers), etc., etc.; tout cela est synonyme.

(1) Tout le monde n'était pas aussi délicat, et il y avait près de Montfaucon des lieux de débauche auxquels leur éloignement de la ville donnait jouissance d'une certaine liberté. Maître Villon y allait faire ripaille et gourgandiner avec René de Montigny et Colin de Cayeux, deux coupeurs de bourses, de ses amis, qui furent bel et bien branchés, — comme nous le verrons plus tard.

> Tant parlèrent du b.. .nestier
> Que fut conclud, par leur façon,
> Qu'ilz yroyent, ce soir-là, coucher
> Près le gibet de Montfaulcon,
> Et auroyent, pour provision,
> Ung pasté de façon subtile,
> Et menroyent, en conclusion,
> Avec eulx chascun une fille.

Et plus loin :

> Et allèrent vers Montfaulcon,
> Où estoit toute l'assemblée.
> Filles y avoit à foyson,
> Faisant chère desmesurée.

> (*Œuvres complètes* de Villon [collect. elzevirienne], in-16, 1854 : *La Repeue faicte auprès de Montfaulcon*, p. 292.)

(2) SAUVAL : « A lui 79 sols parisis, pour oster les potences et corps pendus, avec plusieurs têtes et quartiers attachés à icelles,

A cette époque, la loi voulait rendre visible à tous la punition du crime et anéantir ensuite dans un éternel oubli les restes ignominieux des infâmes. On exécutait le criminel les fêtes et les dimanches de même que les autres jours ; — on lui refusait les consolations de la religion : condamné, il n'appartenait plus qu'au bourreau. Philippe de Maisière, conseiller de Charles V, avait cherché à abolir cette coutume, qu'il regardait comme odieuse ; mais la volonté royale vint échouer contre une violente résistance des autres membres du conseil (1). Ce fut, quoi qu'en dise l'auteur de la *Chronique de Saint-Denis*, Charles VI qui, par des lettres expédiées le 12 février 1396, ordonna de présenter le sacrement de pénitence aux condamnés, et, de crainte que la préoccupation de la mort ne leur fît oublier de demander un confesseur, il enjoignit à ses officiers de leur en amener un d'office (2). Cette décision fut prise surtout, dit-on, à l'instigation pres-

tant hors la porte Saint-Antoine, bois de Vincennes, que le Chastelet Saint-Quentin devant Saint-Denys, et iceux fait mener pour être mis en terre, tant au cimetière de Saint-Quentin qu'au cimetière de Saint-Paul à Paris, pour obvier au gros air et infection qui pouvoit advenir au grand multitude de peuple qui étoit au convoi de Madame, mère du Roi, qu'on a apportée de Saint-Maur à Saint-Antoine des Champs, et d'illec à Notre-Dame de Paris, pour illec faire ses obsèques et funérailles, ainsi qu'il avoit été ordonné par le Roi. » (T. III, p. 615.)

(1) LEBEUF, *Dissertation sur l'histoire civile et ecclésiastique*, t. III, p. 408.

(2) SAUVAL, t. II, p. 587 et 649. — MÉZERAY, *Abrégé chrono-*

sante de Pierre de Craon, qui avait à se faire pardonner bien des choses, entre autres sa tentative d'assassinat sur le connétable de Clisson ; il fit élever au pied du gibet une croix portant ses armes, et dota richement le couvent des Cordeliers pour que ces religieux confessassent les condamnés. — Louise de Lorraine, veuve de Henri III, constitua sur l'Hôtel-Dieu, au denier dix-huit, 5,600 livres pour la fondation de trois bourses de bacheliers en théologie, chargés de prêcher les fêtes solennelles à la Conciergerie, au Grand et au Petit-Châtelet, de visiter et consoler les prisonniers, et de les assister à leurs derniers moments. Mme de Simié, à peu près à la même époque, donna aussi 100 écus de rentes à la Sorbonne dans la même intention (1).

Les cadavres exposés à Montfaucon étaient toujours couverts de vêtements, et, sous aucun prétexte, ne devaient en être dépouillés (2). Les corps des individus qu'on avait décapités ou fait bouillir sur une des places de Paris, et qu'on exposait ensuite aux

logique de l'histoire de France, 1667, t. III, p. 150. — FÉLIBIEN et LOBINEAU, Histoire de la ville de Paris (5 vol. in-fol., 1725), t. II, p. 717.

(1) SAUVAL, t. II, p. 586 et 587.

(2) SAUVAL : « A Colin Feucher, tourmenteur-juré audit Chastelet, qu'il paya comptant le premier jour de septembre 1438, pour un grand sac de treillis où fut mis le corps mort de feu le M^e des Ponts de Paris, cedit jour exécuté pour ses démérites ès Halles de Paris, cinq sols parisis. » Et plus loin : « Le troisième jour de décembre ensuivant, pour une braye neuve baillée à Robinet l'Ermite, de la

rourches patibulaires, étaient ou pendus par les aisselles, ou renfermés dans des sacs de treillis ou de
cuir, sacs que l'on suspendait aux chaînes de fer du
gibet. Quant au mode de transport des condamnés,
il n'était pas uniforme : c'était tantôt à pied, tantôt
à cheval ; celui-ci dans une charrette, celui-là sur
une claie ; — seulement, misérable ou grand seigneur,
tous subissaient le cérémonial de cette lugubre pro-
menade. La tête nue quelquefois, — mais ce n'était pas
l'habitude, — les mains liées, le patient partait du Châtelet accompagné de son confesseur, d'un lieutenant
criminel, etc., etc., ainsi que d'un certain nombre de
sergents du Châtelet et d'archers. Arrivé devant le
couvent des Filles-Dieu, à l'extrémité de la rue Saint-
Denis, le cortége s'arrêtait, et le condamné était conduit dans la cour auprès d'un grand crucifix de bois
adossé à l'église du couvent et recouvert d'un dais ;
là, l'aumônier des Filles-Dieu récitait quelques priè-
res, lui jetait de l'eau bénite et lui faisait baiser le
crucifix ; les religieuses lui donnaient alors trois morceaux de pain et un verre de vin (1). C'était le *dernier*

garnison de Compiègne, cedit jour exécuté ès dites Halles, qui n'en
avoit point, deux sols parisis. » (T. III, p. 337.) — Du reste, nous
n'avons pas à fournir ici les preuves de ce que nous avançons :
elles se retrouvent çà et là dans le courant de notre ouvrage.

(1) Jean Riolan, dans l'épître dédicatoire de ses *Opuscules
anatomiques*, dit que l'hôpital d'Imbert de Lions fut dans la
suite chargé de faire cette charité aux criminels. — SAUVAL,
t. III, p. 587 : « Ce repas ressemble fort au petit repas que les

morceau du patient; s'il mangeait avec appétit, on en augurait bien pour son âme. Cela terminé, le cortége se remettait en marche, et ne s'arrêtait plus que devant la croix de Pierre de Craon, où le condamné faisait sa dernière prière (1) et était immédiatement après livré au bourreau. Après s'être assurés qu'il avait rendu le dernier soupir, les divers officiers, le prêtre, qui l'avaient accompagné, se hâtaient de revenir au Châtelet, où les attendait un repas payé par la Ville; le prêtre recevait en outre un salaire pour frais de déplacement (2).

La première exécution dont l'histoire ait conservé le souvenir fut celle de Pierre de Brosse (ou La Brosse), favori de Philippe le Hardi. Il fut convaincu d'avoir empoisonné Louis de France, fils aîné du roi et d'Isabelle d'Aragon, et d'avoir accusé de ce crime odieux Marie de Brabant, seconde femme de Philippe le Hardi (3). Le 30 juin 1278 (1277, ou encore 1276),

dames juives faisoient faire aux personnes condamnées à la mort, et au vin de myrrhe qu'ils présentèrent à Jésus-Christ attaché en Croix, et qui a donné si fort dans la tête des le Fèvres, des Baronius et des Casaubons ». V. aussi t. I, p. 482 et 574.

(1) FÉLIBIEN et LOBINEAU, t. II, p. 717. — MÉZERAY, *Abrégé chronologique*, t. III, p. 150. — SAUVAL, t. II, p. 349.

(2) SAUVAL, t. III, p. 362, 476, 509, etc.

(3) Rien n'est moins certain que la culpabilité de de Brosse, et son orgueil fut peut-être son plus grand crime. « Voilà comme vescut et se comporta, dit un de ses panégyristes, celluy qui, pour sa grande puissance et authorité près du roi Philippe, est comparé par un historien du temps *au cèdre de Liban eslevé au dessus des autres*

de grand matin, avant le lever du soleil, il fut pendu *parisius latronum communi patibulo*, « laquelle chose fut moulte plaisante aux barons de France, car le convoyèrent au gibet le duc de Bourgogne, le duc de Brabant, le comte d'Artois et plusieurs autres nobles barons. Le peuple de Paris s'émut de toutes parts, car il ne pouvoit croire en nulle manière qu'un homme de si haut état fût dévalé et abaissé si bas » (1). Après

arbres. Mais il s'esmeut enfin un tourbillon de vent qui le porta par terre, l'an 1277, sans qu'on ayt sceu au vray d'où en provint la cause, sinon de l'ennui qu'aucuns conçurent contre luy, ce qui causa parmi le peuple grand estonnement et murmure. »

Et plus loin : « Nulz ne se doit fier en sa grant haultesse ne en son grant estat, car la roe de fortune, qui ne se tient en un estat, l'ara tost devalé et mis bas. »

> « Contre la volonté le roy
> Fu-il pendu ; il fut deffet
> Plus par envie que par fet. »

(1) Dans *La Complainte et le Jeu de Pierre de la Broce*, nous trouvor une pièce intitulée DE PIERRE DE LA BROCHE, QUI DISPUTE A FORTUNE PAR DEVANT RESON, dont nous extrayons les trois dernières strophes :

Ci rent reson sentence.

> Ainsi, Pierres, à tort te plains,
> Et je croi bien qu'ele dit voir
> De tes mauvaistiez es atains,
> Ce puet chascuns moult bien véoir,
> Et par jugement est contrains
> A ceste paine recevoir :
> Li anemis ne s'est pas frains
> Qui te tenoit en son pooir.

> Li baras son seigneur conchie :
> Jà si ne le saura tarder ;
> Et cil qui sert de tricherie
> Celui que il devroit garder,

lui avoir mis la corde au cou, le bourreau lui demanda
s'il voulait parler; sur sa réponse négative, il ôta l'é-
chelle et le laissa aller (1).

A la mort de Philippe le Bel, les finances étaient
dans un état déplorable; le trésor royal était vide, et,
comme on s'occupait de cette grave question dans le
conseil du roi, le comte de Valois se leva brusque-
ment, sommant Enguerrand de Marigny de rendre ses
comptes, puisque c'était lui qui l'avait administré.
Marigny déclara qu'il était prêt.

« Que ce soit donc maintenant, ajouta le prince.

— Je vous en ay baillé, Monsieur, une partie, et

> Je di, par la virge Marie,
> Qu'il seroit dignes de "arder,
> Por ce t'est la peine ajugie
> Que tu recevras sanz tarder.

> Droiz te condamne par droiture
> Et je te conferm la sentence,
> Mès sachiez que ce n'est cointure
> De terrienne pénitance;
> Mès la mort vient diverse et dure
> Là où Diex vendra sans doutance :
> Qui mal fet, ce dist l'escripture
> Mal trovera : c'est une créance.

(1) P. G. DANIEL, *Histoire de France* (édit. du P. Griffet, 1761,
17 vol. in-4), t. IV, p. 651. — G. DE NANGIS, *Chronique latine*,
publiée par H. Géraud (1843, 2 vol. in-8), t. I, p. 249. — MÉZE-
RAY, *Histoire de France* (1643, 3 vol. in-fol.), t. I, p. 658 et 675.
— *Les Grandes Chroniques de Saint-Denys* (Collection Michaud et
Poujoulat, t. II, p. 163. — *La Complainte et le Jeu de Pierre de la
Broce, chambellan de Philippe le Hardi*, publ. par A. Jubinal d'a-
près un manuscrit, 1835, in-8.

de l'autre j'ay payé les debtes de monseigneur vostre frère.

— Vous en avez menty !

— *Pardieu ! c'est vous-mesme* », s'écria Marigny ne se possédant plus.

Le comte de Valois mit l'épée à la main, et, malgré la présence du roi, voulut se jeter sur Marigny ; mais il fut retenu par les autres membres du conseil. Après cette scène de violence, Enguerrand fut arrêté et mis d'abord dans la tour du Louvre, dont lui-même était châtelain ; mais, sur les instances du comte de Valois, qui trouvait cette prison trop honorable pour lui, il fut transféré au Temple et enfermé dans un cachot On le condamna sans l'entendre ; un célèbre avocat de ce temps, Jean d'Asnières, trouva même contre ce malheureux quarante et un chefs d'accusation ; — cependant le roi ne put se résoudre à l'envoyer à la mort et conclut au bannissement. Alors le comte de Valois, dont la vengeance était loin d'être satisfaite, fit arrêter la femme et la sœur de Marigny, et on trouva des témoins qui affirmèrent qu'elles se servaient d'images de cire pour tuer le roi. On arrêta aussi un magicien nommé Jacques de Lor (1), sa femme et son domestique ; ce Jacques de Lor se pendit dans sa prison, sa femme fut brûlée ; quant à Enguerrand, reconnu

(1) *Jacobus dictus* de Lor, dit de Nangis. — Vu la profession de cet homme, ce nom pourrait bien être un surnom.

coupable, il fut condamné à être pendu à la plus haute traverse de bois de Montfaucon. Le 30 avril 1315, au point du jour, cette sentence fut exécutée au milieu d'une foule considérable. « *Bonnes gens, s'é*criait Marigny assis dans une charrette, *priez Dieu pour moi.* »

Ce furent ces bonnes gens-là qui, immédiatement après le supplice, coururent au Palais abattre la statue de l'ancien ministre de Philippe le Bel (1).

Au-dessous d'Enguerrand on pendit Paviot, le domestique de Jacques de Lor. Pendant la nuit, le corps d'Enguerrand de Marigny fut détaché du gibet, dépouillé de ses vêtements et laissé nu au pied de la potence; il fallut le pendre de nouveau, après l'avoir habillé. — « C'est, dit Sauval, le premier *vol en l'air* et l'exemple le plus bizarre de la persécution de la fortune dont vous ayés peut-être ouï parler. »

Marigny était innocent, car, dès le commencement de l'année 1315, une commission, dont le comte de Valois faisait lui-même partie, avait examiné les comptes de son administration, et, sur le rapport de cette commission, Louis X avait donné au ministre de son père pleine et entière décharge (2). Comme il n'avait

(1) Il y eut longtemps à droite, dans une petite cour, à l'entrée de la Conciergerie de Paris, une statue sans piédestal et appuyée contre le mur. On la regardait comme étant celle de Marigny, transportée là lors de sa disgrâce.

(2) Cet acte, qui existe en original, a été publié par M. Lacabane, *Bibliothèque de l'Ecole des Chartes*, t. III, 1re liv, p. 14.

consenti à cette mort que par faiblesse, il fit don de 10,000 livres aux enfants d'Enguerrand, c'est-à-dire 5,000 à Louis l'aîné, qui était son filleul, et le reste aux autres. Sous le règne suivant, ils rentrèrent en possession du corps de leur père, qui fut d'abord enterré aux Chartreux, puis dans l'église collégiale d'Escouï, qu'Enguerrand avait fondée en 1310.

Dix ans après cette exécution, le comte de Valois, fort malade, fit distribuer des aumônes, et ceux qui les donnaient disaient aux pauvres : *Priez Dieu pour M. de Marigny et pour le comte de Valois*, « espérant par ce moyen éviter le traict inévitable de la mort, laquelle il pensoit luy faire telle guerre pour ce qu'il estoit cause du supplice dudict Enguerrand » (1).

En 1320, Henri Tapperel, prévôt de Paris, subit le dernier supplice pour s'être laissé corrompre par un prisonnier riche, l'avoir mis en liberté et avoir fait pendre à sa place un pauvre diable parfaitement innocent (2).

(1) P. G. DANIEL, *Histoire de France*, t. V, p. 213. G. DE NANGIS, *Chronique latine*, t. I, p. 415. — MÉZERAY, *Histoire de France*, t. I, p. 721. — BELLEFOREST, *Histoire des Neuf Charles* (1568, 1 vol. in-fol.), p. 138. — SAUVAL, t. II, p. 587. — SAINT-FOIX, *Essais historiques sur Paris* (1776, 5e édit., 7 vol in-12), t. I, p. 314. — LA CROIX DU MAINE et DU VERDIER, *Les Bibliothèques françoises* (1772, 6 vol. in-4, édit. de Rigoley de Juvigny, t. I, p. 175.

(2) MÉZERAY, *Abrégé chronologique*, t. II, p. 836. — FÉLIBIEN et LOBINEAU, t. I, p. 542. — CORROZET (G.), *Les Antiquitez, his-*

Gérard Guerte (ou de la Guette), homme de basse extraction, avait occupé sous Philippe le Long un emploi assez élevé dans les finances. A l'avénement de Charles IV dit *le Bel*, il fut enfermé dans la tour du Louvre comme ayant détourné les finances du Trésor royal. « On le resserra en une très estroite prison, où il fut interrogé qu'estoient devenues les rentes du Royaume. » Mais il ne put supporter les tortures de la question ; « elles luy causèrent une fièvre ardente, dont il mourut en prison, si par adventure, ajoute Mézeray, ses parens ne luy donnèrent le boucon pour luy sauver l'honneur. — Le Roy commanda qu'il fust enterré dans l'Hostel-Dieu, sans pompe funèbre, de peur qu'il ne semblast avoir été injustement calomnié. » D'après Mézeray, il ne passa donc pas par les fourches patibulaires de Montfaucon ; mais, si nous ouvrons *l'Abrégé chronologique* du même Mézeray, nous lisons : « Il fut appliqué à la question, qu'on luy donna si rude qu'il mourut au milieu des tourments. On ne laissa pas de traisner son corps par les rues et de le pendre au gibet de Paris (2). »

Jourdain de l'Isle, gentilhomme du Périgord, convaincu de quarante-huit crimes capitaux, venait, à la

toires et singularitez de Paris, ville capitale du royaume de France (1550, 1 vol. in 8), p. 106.
(1) Mézeray, *Histoire de France*, t. I, 737. — Id., *Abrégé chronologique*, t. II, p. 839.

considération du pape Jean XXII, dont il avait épousé la nièce (1), d'être gracié par Charles le Bel, lorsqu'il tua un sergent qui exploitait avec l'Écu royal au cou, disent les uns; deux huissiers qui étaient venus lui signifier un arrêt du Parlement, disent les autres. Quoi qu'il en soit, il fut cité à Paris, emprisonné, jugé, condamné, puis traîné à la queue d'un cheval et pendu à Montfaucon le 22 mai 1323. — Le curé de Saint-Merry écrivit à ce sujet à Jean XXII : « ..... A peine votre neveu était-il pendu, qu'avec grand luminaire nous allâmes le prendre à la potence et nous le fîmes porter dans notre église, et nous l'avons enterré honorablement et gratis, Saint Père, nous continuant de vous demander très-humblement votre sainte et paternelle bénédiction.

« J. THOMAS, *chevecier* (2). »

Pierre Remy, seigneur de Montigny et successeur de Gérard de la Guette, fut accusé de concussion et condamné par arrêt du Parlement du 25 avril 1328 à être pendu; — ce qui fut exécuté à Montfaucon le 25 mai suivant. On le conduisait d'abord au petit gibet

(1) CORROZET dit : *sa mère*, folio 119. — « Cette alliance, que ne mentionnent pas du reste les historiens de Jean XXII, est niée par D. Vaissète. Suivant cet historien, Jourdain de l'Isle, seigneur de Casaubon, aurait épousé Catherine de Grailli » — *Histoire de Languedoc*, t. IV, p. 191. — DE NANGIS, t II, p. 46, *note* 1.

(2 Dignité écclésiastique.

de Montigny, lorsqu'il avoua beaucoup de crimes dont on ne le soupçonnait même pas : *Unde et propter hanc confessionem ad caudam quadrigæ quæ eum ad patibulum portaverat applicatus, statim de parvo patibulo usque ad magnum patibulum, quod ipse novum fieri fecerat, modumque faciendi et ordinem cum magna, ut dicitur, diligentia operariis tradiderat, trahitur, et primus ibidem suspenditur.* En effet, depuis les quelques réparations qu'il avait fait faire à Montfaucon, personne n'y avait été supplicié : comme maître du logis, dit Mézeray, il eut l'honneur d'être mis au haut bout, au-dessus de tous les autres voleurs.

La justice du Parlement avait, cette fois, été devancée par la justice populaire, car, depuis les réparations faites aux fourches de Montfaucon, on lisait sur le principal pilier ces deux vers :

> En ce gibet, ici emmy,
> Sera pendu Pierre Remy (1).

Macé des Maches (ou Massé de Machy), trésorier-changeur, fut pendu en 1331 (2).

René (ou Rémond) de Siran, maître des monnaies,

---

(1) SAUVAL, t. II, p. 612. — FÉLIBIEN et LOBINEAU, t. I, p. 564. — MÉZERAY, *Histoire de France*, t. I, p. 759. — G. DE NANGIS, *Chronique latine*, t. II, p. 85.

(2) FÉLIBIEN et LOBINEAU, t. I, p. 565.

accusé d'abus de confiance, se suicida dans sa prison, mais n'en fut pas moins transporté et pendu à Montfaucon en 1333 (1).

Hugues de Cuisy, ancien Prévôt de Paris et président au Parlement, atteint et convaincu de prévarication, fut pendu le 21 juillet 1336 (2).

Adam de Hourdaine (ou Claude de Hourdery), conseiller au Parlement, fut pendu le 3 juillet 1348, pour avoir falsifié des dépositions de témoins (3).

En 1386, la femme d'un nommé Jean de Carrouges accusa un certain Jacques Legris, gentilhomme normand, d'avoir abusé d'elle par violence. Or, voici dans quelles circonstances ce crime aurait été accompli : profitant de l'absence de Jean de Carrouges, Jacques Legris vint dîner chez la femme de son ami, et, la nuit venue, comme cette dame le conduisait à la chambre qui lui était destinée, il se précipita sur cette malheureuse femme et en abusa. C'est ainsi que le raconte Le Laboureur. D'autres disent que, profitant du sommeil de la dame, Legris se serait introduit dans

---

(1) FÉLIBIEN et LOBINEAU, t. I, p. 565.

(2) G. DE NANGIS, *Chronique latine*, t. II, p. 153. — CORROZET (G.), p. 109.

(3) GERMAIN BRICE, *Description de Paris* (1752, 4 vol. in-12), t. II, p. 59. — FÉLIBIEN et LOBINEAU, t. I, p. 480.

le lit conjugal et aurait été parfaitement reconnu par elle. Toujours est-il que, lorsque le mari, Jean de Carrouges, revint de voyage, sa femme s'écria : *Un étranger a souillé vostre couche, et ce Jacques Legris, ce bon amy de tant d'années, vous doit être le plus méprisable des hommes.* Legris nia le fait ; cependant, sur les affirmations de cette femme, et devant un manque absolu de preuves, on eut recours au *jugement de Dieu*, et Carrouges et Legris, en présence du roi Charles VI et devant une foule immense (1), se battirent en combat singulier auprès des murs de Saint-Martin-des-Champs (2). La victoire fut longtemps indécise, « finalement Jacques Legris cheut. Et lors Carrouget monta sur luy, l'espée traite, en luy requerant qu'il luy dist vérité. Et il respondit que, sur Dieu et sur le péril de la damnation de son âme, il n'avoit oncques commis le cas dont on le chargeoit. Et pourtant Carrouget, qui croyoit sa femme, lui bouta l'espée au corps par dessous et le fit mourir. »

(1) « La dame Carrouges estant venue à l'espectacle du combat dans un chariot, le roy l'en fit descendre, l'en jugeant indigne, puisqu'elle estoit criminelle (grande pitié pourtant !) jusqu'à la preuve de son innocence, et la fit master sur un eschaffaut, attendant la miséricorde de Dieu et la faveur des armes. »

(2) « A l'égard de ces lieux-là, quelquefois c'étoit devant le Louvre, ou bien devant l'Hôtel-de-Ville ; d'autrefois à la rue Saint-Antoine, ou derrière le Prieuré de Saint-Martin, ou enfin au delà de Saint-Germain des Prés. — Et de fait, Le Gris et Quarrouges se battirent dans celui où la Trémoille et Courtenay s'étoient déjà batus » — Aujourd'hui le Conservatoire des Arts-et-Métiers. (DE LA VILLE-GILLE.)

« Il passa pour convaincu par le succez du duel, et son corps fut traisné au gibet (le 29 décembre 1386) selon la coustume de pareils événemens » (1).

Ce fut grande pitié, car le jugement de Dieu avait été un jugement inique : un individu condamné à mort pour certains crimes (d'autres disent un malade à l'article de la mort), se reconnut coupable de celui que l'innocent Legris avait si chèrement expié. Je ne sais au juste à quelle époque cela arriva ; mais, dix ans après le duel, le vrai coupable n'était pas encore connu, puisque Denys Godefroy, dans ses notes sur l'histoire de Charles VI, cite un arrêt du Parlement (du 9 février 1396) qui donne à Carrouges une somme de 6,000 livres à prendre sur les biens de Jacques Legris.

Quant à Mme Carrouges, le malencontreux auteur de cette tragédie, elle se jeta dans un cloître, pour y achever ses jours en demandant à Dieu d'être plus circonspecte à l'avenir (2).

---

(1) L'Eglise permettait que ceux qui devaient se battre en combat singulier fissent dire des messes, et la *Missa pro duello* se trouve dans les anciens missels. — Il est probable que cela lui rapportait quelque chose. Avant de se battre, Legris avait fait prier Dieu, — et ce lui fut vraiment utile ! — dans tous les monastères de Paris ; et Carrouges, après le combat, encore tout couvert du sang de Legris « fit une offrande à Notre-Dame, pour user des termes de Froissard, qui signifient peut-être : offrir à la Vierge les armes de celui qu'il venoit de tuer. »

(2) JUVÉNAL DES URSINS, *Histoire de Charles VI*, 1614, t. II, p. 371 (59). — LE LABOUREUR, *Histoire de Charles VI*, liv. VI, p.

Exécution d'un malfaiteur émérite, Richard Bourdon, dit le Petit-Bourdon : « A maître Guillaume Barrau, secrétaire du roi notre sire, pour avoir été, par le commandement et ordonnance du roi notre sire, et pour le bien de justice, en la ville de Fougères, au pays de Bretagne, pour prendre et ammener ès prisons du Chastelet de Paris un malfaiteur nommé Richard Bourdon, autrement dit le Petit-Bourdon, lequel malfaicteur avoit été mis ès prisons du chastel de Fougières, et d'icelles s'estoit eschapé et mis en franchise en la chapelle dudit chastel ; lequel secretaire l'a pris et mis hors de ladite chapelle à très-grande diligence, peine et péril de sa personne et de sa compagnie, et icelui amené ès prisons dudit Chastelet de Paris, où il a été exécuté ; c'est à sçavoir traîné et pendu à Montfaucon (1). »

(1402) Maître Jean le Charton, procureur au Parlement, avait épousé une fort jolie femme ; or, de ce mariage, écoutez ce qu'il advint : « Et à un vendredy, on luy avoit ordonné d'une sole, laquelle il mangea et dit ces paroles : *Il me semble que j'ai mangé un mauvais morceau.* » Et ce disant, maître Charton était dans

---

130. — P. G. DANIEL, *Histoire de France*, t. VI, p. 575. — SAUVAL, t. II, p. 579 et suiv. — BRANTOME (*Panthéon littéraire*), t. I, p. 704.

(1) SAUVAL, t. III, p. 258, *Comptes de la prévosté de Paris du terme de l'Ascension* 1399.

le vrai, car il alla quatre jours après de vie à trépas. Jeune et jolie, sa femme ne pouvait rester veuve : elle se remaria avec le clerc du défunt. Jusqu'ici rien que de très-naturel ; mais, des contestations s'étant élevées entre les nouveaux époux et les autres héritiers du défunt, ceux-ci les accusèrent hautement d'avoir empoisonné maître Charton. La justice s'en mêlant, ils furent bientôt en prison ; là ils n'avouèrent rien et se défendaient très-habilement, lors que le lieutenant du prévôt de Paris, se servant d'un moyen (il ne devait pas être bien nouveau même à cette époque) qui réussit encore aujourd'hui, fit venir la femme et lui dit que son mari s'était décidé à tout avouer, qu'elle n'avait donc plus à nier, mais à implorer la clémence de ses juges. « Et feut amenée devant le mari et l'appela traistre, de ce qu'il avoit confessé ; et toutes fois il n'en estoit rien. Et à la fin confessa tout, et aussi feit le mari. Et feut la femme arse en la présence du mari. Et après, le mari feut mené au gibet et pendu. Qui feut exemple aux autres femmes de n'en ainsi faire (1). »

Deux écoliers, l'un normand, l'autre breton, Légier de Montilhier (ou Roger de Montillet) et Olivier Bourgeois, tous deux convaincus de meurtre, avaient été, en 1403, pendus à Montfaucon par ordre de Guillaume de Tigouville (ou Tignouville), prévôt de Pa-

(1) JUVÉNAL DES URSINS, *Histoire de Charles VI*, p. 187.

ris. Faite au mépris des droits de l'Université, cette exécution avait eu lieu pendant la nuit ; en allant au supplice, les deux condamnés n'avaient cessé de crier « *Clergé*, afin d'être recous » ; mais. personne n'étant venu les secourir, la sentence qui les frappait avait été exécutée. Tigouville allait expier chèrement cet acte de justice. Privé de tout office royal, il fut condamné à élever une pyramide sur le chemin de Paris, près du gibet, et de faire sculpter dessus l'image des deux clercs. En outre, le 17 mai 1408, il alla en grande pompe dépendre les corps, les baisa sur la bouche et les amena au parvis Notre-Dame dans une charrette recouverte d'un drap noir, et conduite par un charretier « vestu d'un surplis de prestre ». De là, ils furent menés à Saint-Mathurin et enterrés honorablement dans le cloître de cette église, « et fut derechef fait une épitaphe à leur semblance, pour perpétuelle mémoire : *Hic subtus jacent Leodegarius du Moussel de Normania, et Oliverius Bourgeois de Britannia oriundi, clerici scolares quondam ducti ad justitiam secularem, ubi obierunt, restituti honorifice et hic sepulti, anno domini M.CCCC VIII, die XVI mensis Maii* (1). »

En 1411, on prit aux environs de la capitale une bande de pillards, qu'on amena à Paris le 4 mai. On en

(1) MONSTRELET, *Chroniques* (1595, 3 vol. pet. in-fol.), t. I, p. 14. — CORROZET, *Les Antiquitez de Paris*, p. 127.

jeta quelques-uns dans la rivière ; ceux qui n'avaient pas encore quinze ans furent fouettés publiquement, puis bannis du royaume ; « mais, pour Polifer Radingue, il fut, avec sept capitaines et trente autres, condamné au gibet, qu'ils avaient bien mérité (1). »

En 1413, après une de ces émeutes si fréquentes à Paris, on se saisit de quelques-uns des séditieux, entre autres d'un bourgeois qui avait assassiné un nommé Courtebotte, violon du duc de Guyenne, et que son maître aimait beaucoup ; puis de deux bouchers, les frères Cailles, qui, durant les mêmes troubles, avaient noyé maître Raoul Brisac : ils furent tous pendus (2).

Au mois de septembre 1425, « on coppa la teste à ung chevalier mauves brigant, nommé messire Estienne de Favières, né de Brie, très maulvais larron, et pire que larron, et furent pendus aucuns de ses disciples au gibet de Paris et en autres gibets (3). »

Le 15 décembre 1427, un écuyer nommé Sauvage de Fromonville, après une résistance désespérée, fut

---

(1) Le Laboureur, *Histoire de Charles VI*, t II, liv. 31, p. 752. — Selon Sauval (t. II, p. 611), ils auraient aussi été jetés à l'eau à la Grève, vers le Port au Foin. — Belleforest, *Histoire des neuf Roys Charles de France*, p. 210.

(2) Le Laboureur, *Histoire de Charles VI*, t. II, liv 33, p. 899.

(3) Labarre, *Mémoire pour servir à l'histoire de France et de Bourgogne* (1 vol. in-4, 1729), p. 104.

pris dans le château de l'Ile-Adam; son exécution donna lieu à une scène émouvante et terrible. — Je laisse la parole au chroniqueur :

« Il fut mis sur ung cheval, les piés liez et les mains sans chaperon; en ce point admené à Baignolet, où le Régent estoit, qui tantost commanda que sans nul délay on l'allast pendre au gibet hastivement, sans estre ouy en ces deffenses, car on avoit grant paour qu'il ne fust recoux; car de très-grant lignaige estoit. Ainsi fut admené au gibet accompaigné du prevost de Paris et de plusieurs gens, et avec ce estoit ung nommé Pierre Baille qui avoit esté varlet cordouanier à Paris, et puis fut sergent à verge, et puis receveur de Paris, et lors estoit grant trésorier du Meinne, lequel Pierre Baille ne volt oncques, quand ledit Sauvaige demanda confession, qu'il requist si longuement, mais lui fist tantost monter l'échelle, et monta après en deux ou trois eschelons en lui disant groses paroles. Le Sauvaige ne lui répondit pas à sa voulenté, pourquoy ledit Pierre luy donna un grand cop de baston, et en donnoit cinq ou six au bourrel, pour ce qui l'interrogeoit du sauvement de son âme. Quand le bourrel vit que l'autre avoit si male voulenté, si ot paour que ledit Baille ne lui fist pis, si se hasta plustost qu'il ne devoit pour la paour, et le pendit; mais pour ce que trop se hasta, la corde rompi ou ce desnoüa, et chut ledit jugié sur les rains, et furent tous rompus et une jambe brisée; mais en celle douleur lui convint

remonter, et fut pendu et estranglé, et pour vray dire,
on lui portoit une très male grace, espécialement de
plusieurs meurtres très-horribles, et disoit-on qu'il
avoit tué de sa main ou pays de Flandres ou de Hay-
nault un évesque. »

L'année suivante, nous trouvons cette note : « Le
vendredy 10 jour de septembre 1428, fut despendu
du gibet de Paris ung nommé Sauvaige de Fromonville, à qui Pierre Baille fist tant de déplaisir quand
on le pendoit, car il le frappa en l'eschelle moult
cruellement, et si battit le bourrel d'un gros baston
qu'il tenoit, et estoit pour lors ledit Pierre receveur
de Paris (1). »

En 1430 la misère était si grande, que les pauvres
se réunissaient par bandes, pillant et dévastant les environs de Paris. On fit contre eux une expédition;
quatre-vingt-dix-huit furent pris la première fois et
amenés à Paris : on en pendit douze le 2 janvier. L'année suivante, on fut obligé d'aller à Chevreuse faire
le siége « d'une vieille forte maison nommée Dannette », dans laquelle s'étaient réfugiés une quarantaine
de pillards; ils furent pris et amenés à Paris; le plus
vieux n'avait pas trente-six ans. Treize purent s'échapper; il y en eut deux de pendus devant Dannette, et

(1) LABARRE , *Mémoires pour servir à l'histoire de France et de
Bourgogne*, p. 114 et 117.

treize au gibet de Paris. Le 22 avril, on fit une nouvelle expédition qui amena la capture d'une centaine de ces misérables; six furent pendus immédiatement, « les autres, tous accouplez et liez de cordes », furent dirigés sur Paris, et le lundi suivant on en pendit trente-deux à Montfaucon, et le 4 mai trente autres (1).

On enterrait aussi sous le gibet des personnes toutes vives; en 1440, 1457 et 1460, nous trouvons trace de quelques-unes de ces exécutions : Jannette la Bonne-Valette et Marion Bonnecoste, Ermine Valancienne et Louise Chaussier, subirent cet horrible supplice pour leurs « démérites », et furent enfouies dans une fosse de sept pieds de long. En 1460, Perrette Mauger, voleuse et recéleuse de profession, fut condamnée par Robert d'Estouville, prévôt de Paris, « à souffrir mort et à estre enfouye toute vive devant le gibet. » Elle en appela au Parlement, qui confirma la sentence. « Ce qui fut dit à icelle *Perrette*, laquelle déclara lors qu'elle estoit grosse, parquoy fut derechef différé de l'exécuter. Et fut fait visiter par ventrières et matrones, qui rapportèrent à justice qu'elle n'estoit point grosse. » Immédiatement Henri Cousin, exécuteur des hautes œuvres l'entraîna au supplice (2).

(1) LABARRE, *Mémoires pour servir à l'histoire de France et de Bourgogne*, p. 129 et 137.
(1) SAUVAL, t. III, p. 339-357. — *Les Chroniques de Louys*

Le 6 juin 1465, on trouva pendu chez lui Jehan Marceau, ancien marchand bonnetier, demeurant rue Saint-Denis, à la Barbe-d'Or. Cette mort était le résultat d'un suicide; aussi le corps fut-il dépendu, apporté au Châtelet, et de là traîné à Montfaucon pour y être pendu (1).

Le 19 juillet de la même année fut pendu et étranglé au gibet de Paris un gentilhomme nommé Laurent de Mory. Accusé d'avoir des intelligences avec les

de Valois depuis 1460 jusqu'à 1483), autrement dites *La Chronique scandaleuse*, p. 3. — *Mémoires* de Messire Philippe de Comines (édit. de Lenglet du Fresnoy, 4 vol. in-4, 1747), t. II, p. 1-172.

(1) *La Chronique scandaleuse*, p, 21. — La Révolution de 89 nous a heureusement délivrés de ce cortége sinistre hurlant au suicide; alors ont disparu claies et bourreaux, dont le XVIIIe siècle faisait encore ses délices. Nous lisons dans le journal de Barbier qu'un ancien procureur du bureau des trésoriers de France, nommé Elie-Pierre Barreau de Varrabe, surpris au moment où il commettait un vol vis-à-vis Saint-Merri, se réfugia dans l'église, et là, se voyant près d'être arrêté, se mit à genoux dans un confessionnal et se donna plusieurs coups de couteau. Emmené mourant au Châtelet, il y expira trois jours après. Or, par sentence du lieutenant-criminel en date du 8 février 1729, etc., etc., ce malheureux fut « dûment atteint et convaincu de s'être volontairement homicidé lui-même; pour réparation de quoi son cadavre, mis et traîné sur une claie, la face tournée contre terre, attaché par les pieds au derrière d'une charrette, de la basse geôle des prisons du Grand-Châtelet, en la place de Grève, et audit lieu y être pendu par les pieds, par l'exécuteur de la haute justice, à une potence qui pour cet effet y sera plantée; son corps y demeurera vingt-quatre heures, et ensuite jeté à la voirie comme indigne de la sépulture. Tous ses biens acquis et confisqués, etc. » — BARBIER, *Chronique de la régence et du règne de Louis XV*, 1718-1763 (édit. Charpentier,

Bourguignons, il avait été enfermé à la Bastille et jugé par une commission qui l'avait déclaré « crimineux de crime de leze-Majesté, et comme tel l'avoit condamné à estre escartellé ès Halles de Paris. » Il en appela au Parlement, qui l'envoya alors à Montfaucon (1).

En 1466, on fit aussi de nombreuses exécutions « de povres et indigentes créatures, comme de larrons, sacriléges, pipeurs et crocheteurs ». Les uns furent pendus à Montfaucon, les autres au petit gibet de Montigny, « de nouvel créé et estably, pour la grande vieillesse, ruyne et décadence du précédent et ancien gibet, nommé Montfaucon ». Ceux qui ne furent pas pendus furent fouettés au cul de la charrette qui les promenait dans tous les carrefours. — De semblables exécutions avaient eu lieu en 1460 (2).

Au mois de septembre 1666, on pendit un gros Nor-

8 vol. in-12), t. II, p. 63. — Nous pouvons renvoyer le lecteur curieux à l'intéressant ouvrage du Dr LISLE, *Du Suicide : statistique, médecine, histoire et législation* (1855, 1 vol. in-8), dans lequel se trouve un chapitre consacré à l'histoire du suicide chez les différents peuples. Inutile de dire que nous sommes bien loin, à propos des moyens à employer pour arrêter le suicide, d'être de l'avis de ce médecin, qui croit beaucoup trop à l'efficacité de la claie et de la confiscation.

(1) FÉLIBIEN et LOBINEAU, t. II, p. 832. — *La Chronique scandaleuse*, p. 29.

(2) *La Chronique scandaleuse*, p. 3 et 56.

mand du Cotentin « pour ce qu'il avoit longuement
maintenu une sienne fille, et en avoit eu plusieurs en-
fans, que luy et laditte fille, incontinent qu'elle en estoit
délivrée, meurdrissoient ». La fille fut brûlée à Magny,
près Pontoise, où ils étaient venus demeurer (1).

Le 16 février 1468, par ordre du prévôt de Paris,
on menait de sa prison en la chambre de la question
un nommé Charlot le Tonnelier, dit la *Hote-Varlet*,
chaussetier, demeurant à Paris, lorsque tout à coup il
saisit un « cousteau qu'il apperceut sur son chemin, et
d'icelluy se couppa la langue ». On le ramena immédiatement dans sa prison, où, bien soigné, il guérit
vite. Ramené à la question, il se décida à avouer
ses crimes et compromit un de ses frères qu'on appelait le Gendarme, un serrurier, un orfévre, un sergent
nommé Pierre Moynel, et un fripier nommé Martin de
Coulongne. Le mardi de la semaine peneuse (2), ils
furent tous condamnés à être pendus. De cette sentence du prévôt de Paris ils en appelèrent au Parlement, qui confirma l'arrêt seulement à l'égard de quatre, qui furent pendus sous les yeux du fripier et du
sergent : ceux-ci furent ramenés en prison. Ils allaient
peut-être tirer leur cou de cette affaire, lorsque, « le
vendredy sainct et aouré, vint et issit du ciel plusieurs

(1) *La Chronique scandaleuse*, p. 60.
(2) Semaine sainte.

grans esclats de tonnerre, espartissemens et merveilleuse pluye, qui esbahist beaucoup de gens, pource-
que les anciens dient tousjours que nul ne doit dire
hélas! s'il n'a ouy tonner en mars. Et après ce que dit
est, ledit fripier nommé Martin *de Coulongne* fut rendu
par la dicte Cour du Parlement audit prevost de Paris, et fut envoyé audit gibet le samedy veille de *Qua-
simodo* 1469 (1). »

Nous n'avons pu trouver la date exacte de l'exécution de deux bons amis de François Villon, dont nous
avons parlé plus haut, René de Montigny et Colin de
Cayeux, deux coupeurs de bourse émérites.

> Coquillars, narvans à Ruel,
> Meny vous chante mieux que caille
> Que n'y laissez ne corps, ne pel,
> Comme fist Colin de l'Escaille,
> Devant la roe babiller:
> Il babigna, pour son salut.
> Pas ne sçavoit oingnons peller...
> Dont Lemboureux lui rompt le suc.
>
> Changez et andossez souvent,
> Et tirez tousjours droit au Temple,
> Et eschecquez tous en brouant,
> Qu'en la jarte ne soyez ample.

(1) *La Chronique scandaleuse*, p. 79

Montigny y fut, par exemple,
Bien attaché au halle-grup,
Et y jargonnast-il le tremple,
Dont Lemboureux lui rompt le suc.

Quant à Villon, on sait qu'il ne fut pas pendu comme il l'appréhendait si fort. Condamné à mort deux fois, en 1460 et 1461, et gracié par Louis XI, cette épitaphe, qu'il avait composée, ne put lui servir :

Je suis François, dont il me poise,
Né de Paris, près de Pontoise,
Qui d'une corde d'une toise
Sçaura mon col que mon cul poise,

Non plus que cette magnifique ballade (l'ÉPITAPHE *en forme de Ballade que feit Villon pour luy et ses com-paignons*) dans laquelle il se représente pendu avec cinq ou six de ses amis :

La pluye nous a debuez et lavez,
Et le soleil dessechez et noirciz ;
Pies, corbeaulx, nous ont les yeux cavez,
Et arrachez la barbe et les sourcilz
Jamais, nul temps, nous ne sommes rassis ;
Puis çà, puis là, comme le vent varie,
A son plaisir, sans cesser nous charie,
Plus becquetez d'oyseaulx que dez à couldre.
Hommes, icy n'usez de mocquerie,
Mais priez Dieu que tous nous vueille absouldre !

Comme il possède son sujet ! « Il en parle en connaisseur ; il sait sa potence à fond, et le pendu, dans tous ses aspects, profils et perspectives, lui est singulièrement familier. Colin de Cayeux et René de Montigny (1), ses camarades, avaient eu la maladresse de se laisser mourir longitudinalement, comme il appert par une des ballades du Jargon, et lui-même ne pouvait guère s'attendre à trépasser en travers. Il me semble le voir maigre, hâve et déguenillé, tourner autour du gibet comme autour du centre où doit aboutir sa vie, et contempler piteusement ses bons amis faisant l'I et tirant la langue, le tout pour s'être allés *esbattre* à Ruel. Remarquez le mot, quel euphémisme ! *esbattre*. Que diable faisaient donc ces gens-là quand ils travaillaient sérieusement, puis qu'on les cravatait de chanvre seulement pour s'être amusés ? » (2)

---

(1) Dans le *Petit Testament de maistre François Villon*, on parle d'un René de Montigny,

> Item, je laisse à ce noble homme,
> René de Montigny, troys chiens,

qui n'a peut-être rien de commun avec le Montigny dont il est question dans la deuxième ballade du *Jargon*. — Quant à Colin de Cayeux, nous le retrouvons dans la *Belle Leçon de Villon aux enfants perduz*.

> . . . .
> Se vous allez à Montpippeau
> Ou à Ruel, gardez la peau ;
> Car pour s'esbattre en ces deux lieux,
> Cuydant que vaulsist le rappeau,
> La perdit Colin de Cayculx.

(2) TH. GAUTIER, *Les Grotesques*. 1856, 1 vol. in-18.

On ne sait au juste quel délit avait pu amener sur Villon ces deux terribles condamnations ; on peut croire que c'était un vol à main armée près de Ruel ; un passage de ses poésies permet aussi de supposer que c'était un viol (1).

« Un jeune fils de Brigandinier », qui avait été élevé par Jean Pensart, marchand de poissons, sachant que son père adoptif avait assez d'argent à la suite de la vente du carême, résolut de le dépouiller. Ses complices dans cette affaire étaient deux Ecossais, Mortemer, dit *Lescuyer*, et Thomas *le Clerc*; surpris au milieu du crime, ils se sauvèrent, et Brigandinier, pris et amené au Châtelet, nomma ses compagnons. Mortemer, confié à la surveillance de deux Ecossais de la garde du roi, put facilement s'échapper ; quant à Thomas le Clerc, il se réfugia dans l'église Sainte-Catherine du Val des Ecoliers, et là soutint un véritable siége contre les gens du prévôt de Paris, qu'il blessa en grande partie avant de tomber entre leurs mains. Condamné à être pendu à Montfaucon, il en appela au Parlement, qui confirma la sentence. L'exécution eut lieu le 16 mars 1474, « pour veoir laquelle furent jusques audit gibet sire Denis *Hesselin*, maistre Jehan de *Ruel*, comme commis par maistre Pierre de *Ladehors* à l'exercice de l'office de lieutenant-criminel,

(1) *Œuvres complètes de François Villon.*

pour occasion de la maladie dudit Ladehors (1). »

En 1476 fut pendu à Montfaucon le sieur Laurent Garnier, de Provins, pour avoir tué un collecteur des tailles de Provins, « duquel cas il avoit obtenu rémission qui ne luy fut point entérinée par la Cour du Parlement ». Un an et demi après cette exécution, sur les instances de son frère, le corps fut dépendu par maître Henri Cousin, « et illec fut ensevely et mis en une bière couvert d'un cercueil, et dudit gibet mené dedans *Paris* par la porte Sainct Denys ; et devant icelle biere aloient quatre crieurs de ladite ville sonnant de leurs clochettes, et en leurs poitrines les armes dudit *Garnier* ; et autour d'icelle biere y avoit quatre cierges et huict torches, qui estoient portées par hommes vestus de dueil et armoyez comme dit est. Et en tel estat fut mené passant parmy ladite ville de *Paris*, jusques à la porte Sainct Anthoine, où fut mis ledit corps en un chariot couvert de noir, pour mener inhumer audit *Provins*. Et l'un desdits crieurs, qui aloit devant ledit corps, crioit : « Bonnes gens, dites vos patenostres pour l'âme de feu Laurens *Garnier*, en son vivant demeurant à *Provins*, qu'on a nouvellement trouvé mort sous un chesne ; dites-en vos patenostres, que Dieu bonne mercy luy fasse (2). »

(1) *La Chronique scandaleuse*, p. 114,
(2) *Idem*, p. 154.

« Audit mois d'aoust 1477 advint que un jeune fils bourreau à *Paris*, nommé *Petit-Jehan*, fils de maistre Henry *Cousin*, maistre Bourreau en laditte ville de *Paris*, qui déjà avoit fait plusieurs exploits de Bourreau (1), fut tué et meurtry ledit *Petit-Jehan* en laditte ville de Paris. »

Voici comment arriva la chose. Petit-Jehan avait eu maille à partir pour affaires d'intérêt avec un menuisier picard, nommé Oudin du *Bust*, et l'avait battu. Celui-ci résolut de se venger ; il s'associa trois compagnons : *Lempereur du Houx*, sergent à verge ; Jehan *du Foing*, fontainier et plombeur, et un orfévre nommé Regnault *Goris*, qui tous quatre, « de guet apens et propos délibéré, vinrent assaillir ledit *Petit-Jehan*, qu'ils trouvèrent au coing de la rue de Garnelles, près de l'hostel du Moulinet, et vint le premier à luy ledit *Lempereur du Houx* soubs fiance amiable, qui le prit par dessous le bras. » Aussitôt Regnault Goris se précipita sur lui et le frappa d'une pierre à la tête ; Petit-Jehan chancela, et, Lempereur du Houx l'ayant lâché, Jehan du Foing le perça d'un coup de javeline. Oudin du Bust arriva alors et coupa les jambes du cadavre, puis tous les quatre allèrent se mettre en franchise aux Célestins (1). Le prévôt de Paris, Robert d'Es-

---

(1) Voir l'exécution du connétable de Saint-Pol.

(2) *Être en franchise, se mettre en franchise*, signifiait se réfugier dans ces lieux qui autrefois jouissaient du *droit d'asile* et servaient de refuge aux criminels. Si la moitié de Rome servait d'asile

touville, les en arracha. Les Célestins en appelèrent,
l'évêque de Paris les réclama comme ses clercs ; mais
ce fut en pure perte, le Parlement ayant déclaré qu'ils
ne jouiraient pas des priviléges de l'Eglise. « Ils furent

à tous les crimes, bien des endroits de notre bonne ville de Paris
possédaient ce singulier privilége. Ainsi : *Notre-Dame*, où se réfugia
Frédégonde , trouvant là un abri contre les poursuites de Gontran,
roi d'Orléans, et de Childebert, roi de Metz, qui la demandèrent
en vain à l'évêque Raimond pour en faire justice. — *Saint-Jacques-la-Boucherie* : En 1358, Pierre Macé, garçon changeur, assassina, rue Neuve-Saint-Merry, Jean Baillet, trésorier des finances,
puis se réfugia dans l'église Saint-Jacques-la-Boucherie ; Charles V
ordonna alors à Robert de Clermont, comte de Normandie, d'aller
le prendre et de le faire pendre, ce qui fut exécuté. L'évêque de
Paris, Jean de Meulan, cria à l'impiété, fit enlever le corps du gibet, et lui fit faire dans cette même église de Saint-Jacques-la-
Boucherie de fort belles funérailles : — c'était, on en conviendra,
peut-être trop d'honneur pour un pendu. Mais ce qu'il y a de honteux, c'est que, peu de jours après, Robert de Clermont ayant été
tué dans une sédition, Jean de Meulan défendit de l'enterrer parmi
les fidèles. — *L'Hôtel-Dieu* : En 1365, Guillaume Charpentier assassina sa femme ; des sergents l'ayant arraché de l'Hôtel-Dieu, où
il s'était retiré, il porta plainte, et le Parlement, après avoir condamné les sergents à l'amende , le fit rétablir dans son asile. — *Le
Monastère des Grands-Augustins* : Au coin de la rue Pavée et à l'an-
gle formé par l'église des Augustins, on voyait un bas-relief gothi-
que représentant *une satisfaction* donnée en 1440 aux Grands-Augustins, par des huissiers qui avaient osé arrêter dans leur cloître
même un religieux convaincu de crimes scandaleux. — Mais arrê-
tons-nous, et citons, pour compléter un peu cette note, *l'Abbaye
de Saint-Antoine, l'église Saint-Merry, les Carmes de la place Maubert,* et *le Temple*, qui servait d'asile aux duellistes et surtout aux
débiteurs insolvables : ce fut longtemps encore, — jusqu'à la Révolution, — le seul endroit de Paris où les personnes poursuivies
pour dettes n'avaient rien à craindre des huissiers.

tous quatre pendus au gibet de *Paris*, par les mains dudit maistre *Henry* (1), père dudit *Petit-Jehan*, qui pourtant fut vengé de la mort de sondit fils, le jeudy veille de monseigneur sainct *Jehan*, décolassé, vingt-huictiesme jour dudit mois, et est assavoir que lesdits *Empereur*, *du Foing* et *Goris* estoient trois beaux jeunes hommes. »

On battit de verges et on bannit du royaume un jeune cordonnier qui était compromis dans cette affaire, mais qui, heureusement pour lui, n'avait point assisté au meurtre (2).

En 1484, fut pendu, — et cela à la satisfaction générale, — le comte de Meulent, Olivier le Dain, « varlet de chambre et barbier de corps du roy ».

Son procès fait, on délibéra si l'on avertirait le roi de l'arrêt de mort qui frappait le Dain; il fut résolu qu'il ne le saurait que l'exécution faite. Ce fut Hugues Alligret, greffier criminel de la Cour, qui se rendit à la Conciergerie pour lire au condamné la sentence rendue contre lui. Nous extrayons ce qui suit du rapport dudit Alligret : lecture faite, « le Dain m'a répondu puisqu'il plaisait à Messieurs, que bien, et que je lui baillasse confesseurs. » Je lui envoyai alors deux cor-

(1) HENRY COUSIN. V. la p. 48.
(2) *La Chronique scandaleuse*, p. 145.

deliers, et devant eux je le conjurai une dernière fois, sur le salut de son âme, de dire la vérité au sujet des sommes qu'il avait à restituer. Il me répondit qu'il avait tout dit, « et atant se départit de moi, et pareillement je lui délaissai en ladite chapelle avec sesdits confesseurs, en délaissant tant huissiers que sergens à l'huis de la chapelle, pour la garder, et m'en suis retourné en ladite Cour; de laquelle environ l'heure de dix heures suis revenu en ladite Conciergerie, et en ladite chapelle, en laquelle je trouvai ledit Olivier le Dain avoir achevé de s'être confessé. » Là, je lui demandai encore s'il n'oubliait rien, et le prévins que, s'il le faisait à dessein, son âme serait perdue; il répondit toujours que non. « Et atant l'ai livré à Henry, exécuteur de la haute justice, lequel l'a prins, lié, mené dedans la charrette, étant près et au devant de la porte de ladite Conciergerie en la cour du Palais, attelée de chevaux, pour être mené en la Justice patibulaire, et *illec* être exécuté selon ledit arrêt; et après que a été fait le cri accoutumé, ledit Henry a conduit ledit Olivier le Dain en ladite charrette, accompagné de ses confesseurs jusques à ladite Justice. Et nous, greffier, huissiers de ladite Cour, accompagnés de plusieurs sergens royaux, ainsi qu'il est accoutumé de faire, avons suivi jusqu'au dit lieu. » Arrivé devant l'église Saint-Lazare (Saint Ladre, dit le rapport), Olivier le Dain déclara à Hugues Alligret certaines petites dettes,

puis « ledit Henry l'a fait monter à l'échelle, l'a attaché, et icelui pendu et étranglé. »

> J'ay veu (*dit Molinet*) oyseau ramage
> Nommé maistre Olivier,
> Vollant par son plumage
> Hault comme ung esprevier ;
> Fort bien sçavoit complaire
> Au roy ; mais je veis que on
> Le feist, pour son salaire,
> Percher au Monfaucon.

Olivier le Dain était accusé d'avoir abusé d'une
femme en lui promettant de sauver son mari, que néanmoins il fit pendre. Le corps ne resta que deux jours
exposé et fut enterré à Saint-Laurent, paroisse de
Montfaucon ; les lettres patentes, à cette occasion,
sont fondées sur ce qu'Olivier le Dain avait rendu
de grands services au feu roi.

On pendit avec lui un de ses gens, Daniel Bar, qui
avait été capitaine du pont de Saint-Cloud, et avait
abusé de son autorité pour rendre des jugements dans
lesquels il était juge et partie.

Pendant qu'on traînait à Montfaucon Olivier le
Dain, un autre favori de Louis XI, Jean Doyac (ou
Jean de Doyat), recevait un châtiment exemplaire.
Après avoir été fouetté dans les carrefours de Paris,

il fut conduit aux Halles, où il eut une oreille coupée et la langue percée d'un fer chaud ; puis on le remit entre les mains de Jean II, duc de Bourbon, son ancien maître, qu'il avait trahi, et qui le fit conduire à Montferrand, où on lui coupa l'autre oreille, après l'avoir encore fouetté publiquement. Mais Charles VIII, à sa majorité, fit réviser le procès de Doyac, qui fut acquitté et rétabli en possession de sa fortune (1).

La même année furent pendus les sieurs Jehan Hugot et Martin Portier (ou Potier), et cela pour leurs démérites, je suppose, n'ayant à cet égard aucun autre document que celui-ci : « A Regnault Chasteau, Garde du scel de la Prévôté de Paris, pour la dépense de bouche faite par maître Jehan de la Porte, Lieutenant Criminel, et Pierre Quatre-Livres, Procureur du Roi ; Guillaume Diguet, Greffier audit Chastelet, et plusieurs Examinateurs et sergens dudit Chastelet, au dîné au retour du gibet de Paris, où furent exécutés et pendus Jehan Hugot et maître Portier ou Potier (2). »

(1) *Procès et condamnation d'Olivier le Dain : Extraits des registres criminels du Parlement de Paris.* — *Revue rétrospective*, t. X, p. 419-428. — P. G. DANIEL, *Histoire de France*, t. VIII, p. 11. — Extrait d'un Mémoire publié pour la première fois, et qui existe manuscrit de la *Bibliothèque impériale*, fond Saint-Germain, n° 209. (Collection CIMBER et DANJOU, 1re série, t. I, p. 92 et 172.) — SAUVAL, t. II, p. 588. — MOLINET, *Faicts et Dictz*, p. 228.

(2) SAUVAL, t. III, p. 450.

Le 8 mars 1522, on pendit deux orfévres qui avaient volé pour 4,000 livres de la vaisselle de François Ier chez M. de Villeroy. Ce fut le prévôt de l'hôtel du roi qui les condamna à mort (1).

Le 28 septembre 1526, fut pendu et étranglé au gibet de Paris un jeune écolier de vingt-deux ans, nommé Gasper Gosse, « bedeau de la nation d'Allemaigne en l'Université de Paris ». Il avait tué de Selve, neveu du premier président au Parlement de Paris. « On dit qu'il avoit beaucoup cousté à son père pour luy cuider saulver la vie, mais ses parents ne peurent (2). »

Le 9 août 1527 (3), à une heure après midi, un vieillard sortait de la Bastille au milieu d'une troupe d'archers et de sergents ; il était monté sur une mule, avait la tête nue et tenait à la main une croix de bois peinte en rouge. « Il avoit vestu une robbe de drap frisé couleur tannée, obscur, enfumé, un saye de veloux noir. Son cry luy fut faict en trois lieux, c'est asseavoir porte Bauldetz, devant Chastelet et au Gibet. » Là, le malheureux attendit longtemps au pied

---

(1) *Journal d'un Bourgeois de Paris sous le règne de François Ier*, publ. par L. Lalanne, p. 122.

(2) *Id.*, p. 293.

(3) Les historiens ne sont pas d'accord sur cette date, l'Estoile dit même 9 août 1524.

de l'échelle que sa grâce arrivât, mais ce fut en vain ; c'est alors qu'il s'écria : *J'ai bien mérité la mort, pour avoir plus servi les hommes que Dieu* (1).

Quelques instants après, une victime de plus se balançait aux piliers de Montfaucon, et cette victime innocente s'appelait Jacques de Beaune, baron de Samblançay (2), surintendant des finances sous Charles VIII, Louis XII et François Ier, sacrifié par la reine mère. On sait qu'il lui avait prêté les sommes destinées à Lautrec, faute desquelles celui-ci perdit le duché deMilan, ce que le roi ne put pardonner (3).

Le 12, Jean Maillard (4), lieutenant criminel, et le

---

(1) « Il fut conduit au gibet de Montfaucon à une heure après midi, et il chicana sa vie jusqu'à sept heures du soir, dans l'espérance que le Roy lui envoyeroit sa grâce. »

(2) GIRAULT DE SAINT-FARGEAU, *Les qnarante-huit Quartiers de Paris*, 3e édit. : « Le surintendant des finances Semblançay, condamné à mort et pendu le 12 août 1524 », p. 262 ; et immédiatement après, même page : « Jacques de Beaune, surintendant des finances sous François Ier, pendu à Montfaucon le 14 août 1527. » — Inutile d'appuyer davantage sur une pareille erreur.

(3) On verra plus loin que René Gentil ne joua aucun rôle dans cette affaire.

(4) On connaît l'épigramme de Marot :

Lorsque Maillart, juge d'enfer, menoit
A Montfaucon Samblançay l'âme rendre,
A vostre advis, lequel des deux tenoit
Meilleur maintien ? Pour vous le faire entendre,
Maillart sembloit homme que mort va prendre ;
Et Samblançay fut si ferme vieillart
Que l'on cuydoit pour vray qu'il menast pendre
A Montfaucon le lieutenant Maillart.

sieur de Gonais, confesseur, attachèrent au gibet ces
deux vers :

Viscosas quicumque manus ad furta paratis,
Hujus vos memores convenit esse loci.

Plusieurs pièces de vers contre Samblançay coururent Paris :

O trésoriers ! amasseurs de deniers,
Vous et vos clercs, si n'êtes gros asniers,
Bien retenir devés ce quolibet :
Que pareil bruit avez que les meusniers ;
Car pour larcin, un de ces jours derniers,
Votre guidon fut pendu au gibet.

« Ce guidon des voleurs », dit l'Estoile, avait fait
faire son tombeau avant sa mort ; c'est sur ce tombeau
que de Bèze fit ces vers :

Hunc sibi Belnensis tumulum quem cernis inanem
Struxerat, invidit cui laqueus titulum.
Debuerat certe, sors omnibus ut foret æqua,
Tardius hic fieri, vel prius ille mori (1).

(1) « En 1520, il y eut un cappitaine de lansquenets, de gens
de bien, qui eust la teste tranchée, parce qu'il cuyda tuer Monsieur
de la Chesnaye, secretayre du Roy, et lui cuyda avaller le col ;
mais il lui couppa la main qu'il mit au devant et lui avalla l'épaule ;
parquoy il en fut décapité, et le prenoit pour un aultre, assçavoir
Monsieur de Sainct-Blançay, maistre Jacques de Beaulne. » (*Journal d'un bourgeois de Paris*, p 85.)
Si, sept ans plus tard, en montant à l'échelle, Samblançay s'est

Le 24 septembre 1533, Jean Poncher, trésorier du Languedoc, fut pendu à Montfaucon ; son corps, enlevé pendant la nuit et enterré secrètement à une certaine distance du gibet, fut retrouvé et pendu de nouveau. — Il fut encore enlevé, mais cette fois on le coupa par morceaux, qu'on enterra dans différents endroits, afin de rendre les recherches infructueuses (1).

René Gentil, président au Parlement, fut pendu le 2 septembre 1543 au gibet où, dix ans avant, il avait fait pendre Jean Poncher, innocent. Brantôme, Varillas et le Président Hénault ont accusé à tort René Gentil d'avoir soustrait à Samblançay les reçus de Louise de Savoie, et cela sur les instances d'une des femmes de la duchesse d'Angoulême, femme dont il était amoureux. Amelot de la Houssaie croit même que Marot fait allusion à René Gentil quand, dans l'élégie 22, Samblançay dit de la Fortune :

Mais cependant sa main gauche très-orde
Secrètement me filoit une corde,

rappelé cette erreur, quel sourire amer ce souvenir n'a-t-il pas dû amener sur les lèvres décolorées du vieillard !

Amelot de la Houssaie, *Mémoires historiques, politiques, critiques et littéraires*, t. I, p. 387. — P. G. Daniel, *Histoire de France*, t. IX, p. 151. P. de l'Estoile, *Journal*, t. I, p. 49. — Varillas, *Histoire de François Ier* (2 vol. in-4, 1685), t. I, p. 245.

(1) P. de l'Estoile, *Journal*, t. I, p. 51.

Qu'un de mes serfs (1), pour sauver sa jeunesse,
A mis au col de ma blanche vieillesse.

René Gentil ne fut jamais le commis de Samblançay, il avait été celui de Jean Poncher. Théodore de
Bèze lui fit l'épitaphe suivante (2) :

Fracto gutture stare quem revinctum
Impellique vides et huc et illuc,
Quondam purpureo sedem Senatu
Primam Parhisio in foro tenebat.
Verum (proh facinus scelusque grande !),
Dum, lucri studio impotente captus,
Bonos non minus ac malos coercet,
Justo numine sic jubente Divum,
Vivus qui male sederat tot annos
Stare nunc male mortuus jubetur.

Jean Moulnier, qui avait fait réparer les fourches patibulaires de Montfaucon, y fit amende honorable en

---

(1) Jean de Bourdigné, dans sa *Chronique d'Anjou*, et Jean Bouchet, dans ses *Annales d'Aquitaine*, disent tous deux que Samblançay fut trahi par un de ses serviteurs nommé Prevost ou
Prevot.
(2) DREUX DU RADIER, *Récréations historiques, critiques, morales et d'érudition*, t. II, p. 225. — P. DE L'ESTOILE, *Journal*,
t. I, p. 51. — AMELOT DE LA HOUSSAIE, *Mémoires historiques,
politiques, critiques et littéraires*, t. I, p. 387. — MALINGRE, *Annales de Paris*.

1558, à l'occasion d'un procès intenté contre lui par la comtesse de Senigau.

Le 9 septembre 1566, les frères Miloirs, trésoriers des compagnies, reçurent la question extraordinaire et fiurent pendus à Montfaucon pour avoir volé une somme de soixante mille écus et fait plusieurs faux. A l'échelle, le frère aîné, croyant toujours que sa grâce allait arriver, résolut de gagner du temps ; il se cramponna aux échelons, et fit si bien que le bourreau, de guerre lasse, le pendit à l'échelon même auquel il s'était accroché (1).

Gaspard de Châtillon, sire de Coligny, amiral de France, assassiné par le Bohême Charles Dianowitz dans la nuit de la Saint-Barthélemy, fut traîné dans tout Paris ; après avoir subi d'affreuses mutilations, son cadavre fut transporté au gibet de Montfaucon, où on le pendit par les cuisses avec des chaînes de fer. Toute la cour voulut l'aller voir, et la reine mère, son fils, sa fille et son gendre en firent une partie de plaisir. A la vue du corps mutilé de l'amiral, la figure du sombre Charles IX s'éclaira d'un reflet joyeux ; on l'accuse même, mais à tort, d'avoir répété à ses courtisans, qui se détournaient avec dégoût, la fameuse

(1) CORROZET, folio 185.

phrase d'Aulus Vitellius visitant le champ de bataille de Bedriac.

D'Aubigné et de Thou prétendent que la tête de l'amiral fut envoyée à Rome; d'autres disent que l'on en fit présent au roi d'Espagne. François de Montmorency fit dépendre le cadavre, pendant la nuit, par un de ses valets nommé Antoine, et le fit transporter à Chantilly. Ses os se voient aujourd'hui, dit le Père Griffet, dans la chambre des archives, à Châtillon-sur-Loire, — soit qu'on les ait retirés du tombeau, ou qu'ils n'y aient jamais été mis, quoi qu'en dise d'Aubigné. Ils sont en petit nombre et renfermés dans un petit coffre de plomb : une balle de plomb est restée dans l'épaule : cette balle fut tirée probablement lorsque le corps était pendu au gibet de Montfaucon.

On sait que le Parlement mit en accusation Coligny mort, le déclara, par arrêt du 27 octobre 1572, coupable de lèse-majesté, et le condamna à être pendu *par figure* au gibet de Montfaucon. En effet, on traîna sur la claie un homme fait de paille, représentant l'amiral Coligny ; par une dérision cruelle, et en souvenir d'une habitude de ce malheureux, le fantôme tenait dans sa bouche un cure-dent.

C'est peut-être le seul exemple d'un homme subissant deux fois cette exposition ignominieuse (1).

(1) A cette seconde exposition, qui eut lieu le 27 octobre 1572,

Le 25 septembre 1584 fut pendue à Montfaucon la
Sœur Tiennette Petit, de l'Hôtel-Dieu de Paris, pour
avoir donné quelques coups de couteau à une de ses
compagnes et coupé la gorge à Jeanne Lenoir, vieille

c'est-à-dire deux mois après la Saint-Barthélemy, on pendit en
Grève, comme complices de Coligny, Briquemaut, vieux soldat
protestant, et Cavagnes, maître des requêtes.

Cavagne et Briquemaut, signalés du cordeau,

comme dit d'Aubigné en ses *Tragiques*, et qui dans son *Histoire
universelle* décrit ainsi leur supplice : Au passage de l'arrêt qui dé-
gradait de noblesse ses enfants, les déclarant infâmes et roturiers, le
vieux Briquemaut « s'escria et voulut promettre des services particuliers au Roi pour allonger sa vie ; Cavagnes (qui se fortifioit par
sentences des Psaumes) releva Bricmaut en la gloire de ses actions,
et, l'aïant rendu honteux de sa peur, les deux furent trainez sur des
clies, et le peuple les poursuivit et couvrit de fanges et d'opro-
bres. Si tost qu'ils eurent esté pendus (sans avoir égard à leurs
qualitez), on leur osta premièrement leurs chemises et parties hon-
teuses, pour les faire en tout compagnons de l'amiral, de qui lors
fut présentée et exécutée l'éfigie de paille, sans y oublier un cure-
dent en la bouche. Le Roi, qui voullut voir ce plaisir des fenestres
de la maison de ville, contraignit le Roi de Navarre di estre présent. »

   « Comme il faisoit nuit à l'heure de l'exécution, dit Brantôme,
le roi fit allumer des flambeaux et les fit tenir près de la potence,
pour mieux voir mourir les condamnés et contempler mieux leurs
visages et contenances. »

P. G. DANIEL, *Histoire de France*, t. X, p. 500 et 605. — LA
PONNERAYE, *Histoire de l'amiral Coligny* (1830, 1 vol. in-8), p. 255.
— P. DE L'ESTOILE, *Journal*, t. I, p. 77.   D'AUBIGNÉ, *Histoire
universelle* (1620, 3 vol. in-fol.), t. II, liv. 1er, p. 32. — *Les Tra-
giques* (1 vol. in-12, 1857 [collection elzevirienne), p. 154. — SAU-
AL, t. II, p. 589. — BRANTOME, *Histoire des Hommes illustres*.

religieuse. Tiennette Petit, allant au-devant du châtiment, s'était jetée à la Seine par une fenêtre ; mais elle fut retirée, mise dans les prisons du Chapitre de Paris, et condamnée par le bailli de ce Chapitre à être pendue devant l'Hôtel-Dieu. Un arrêt de la Cour confirma la sentence, mais l'envoya pendre à Montfaucon « avec le couteau » (1).

Sylva, médecin piémontais, détenu à la Conciergerie pour *sodomie*, était à table avec quelques prisonniers, lorsqu'il se prit de querelle avec l'un d'eux et lui donna des coups de couteau ; tous se levèrent et voulurent se précipiter pour lui arracher cette arme des mains, lorsqu'il déclara qu'il la rendrait volontiers au sieur de Friaize, gentilhomme beauceron ; et comme celui-ci s'avançait sans défiance, Sylva se jeta sur lui et l'assassina lâchement. Jeté dans un cachot, il se suicida pendant la nuit en s'étouffant avec des boulettes de linge arraché à sa chemise.—Son corps, attaché à la queue d'un cheval, fut traîné à Montfaucon, où il fut pendu par les pieds en janvier 1586 (2).

Le 24 mars 1608, on traîne à la voirie, la face contre terre, le cadavre de Francesco Fava, médecin italien. C'était un maître fourbe que le signor Fava ;

(1) P. DE L'ESTOILE, t. I, p. 282.
(2) P. DE L'ESTOILE, p. 308.

très-intelligent, plus instruit que la moyenne des individus de cette époque, notre intrigant personnage
avait pu prendre différentes qualités et jouer divers
rôles qui le mirent à même de s'enrichir rapidement, trop rapidement peut-être. Il était venu à Paris
pour y vendre une fort jolie collection de diamants,
qu'il avait emportée en souvenir de la cordiale hos-
pitalité du signor Ange Bossa, et cherchait à s'en dé-
barrasser, lorsqu'il fut arrêté. Il soutint d'abord que
les diamants lui appartenaient, qu'il les avait achetés
et qu'il ne pouvait répondre de leur origine ; mais, se
voyant serré de toutes parts, il avoua tout, se jeta à
genoux et cria miséricorde : on l'envoya au Fort l'É-
vêque. Là, il essaya plusieurs fois de se tuer ; il s'ou-
vrit les veines, s'empoisonna ; mais, sauvé malgré lui, il
tenta de fuir : cette tentative n'eut pas plus de succès
que les autres. Alors il demanda à sa femme une sorte
de pâte italienne qu'il aimait beaucoup, mit dedans
une très-grande quantité d'arsenic (on ne sut jamais
comment il se l'était procuré), et attendit tranquille-
ment la mort. Quand sa femme et son fils furent par-
tis « il demanda un prestre. Un qui estoit prisonnier se
présenta, mais il le refusa et en voulut un autre. Pendant que l'on en cherchoit, le poison, qui estoit violent,
commence son opération, presse Fava et le travaille
extrèmement. Alors il se fit oster du lict où il estoit
couché et mettre sur une paillasse, où il dit qu'il vou-
loit mourir, et y mourut misérablement peu de temps

après, sans que le geôlier ni les prisonniers sceussent la cause de sa mort et eussent le temps et le moyen d'y remédier. »

Le lundi matin 24 mars, « le corps est ouvert, le poison trouvé dans l'estomac, curateur créé au cadaver, information de la mort, la femme ouye, le procèz faict et parfaict au cadaver; sentence du mesme jour, par laquelle François Fava, accusé et déclaré deuëment atteint et convaincu d'avoir mal pris, desrobbé et vollé à Ange Bossa, par faulsetez et supposition de nom, qualitez escritures et cachets, neuf mil trois cents cinquante six ducats douze gros, monnoye de Venise, tant en diamants, perles et chaisne d'or qu'en deniers comptans, en espèce de sequins d'or; ensemble d'avoir attenté à sa propre personne, estant en prison, par incision de ses veines, et finalement, le procez estant sur le bureau, s'estre fait mourir par poison; et pour réparation de ces crimes, ordonné que son corps sera traisné la face contre terre à la voirie par l'exécuteur de la haute justice, et là pendu par les pieds à une potence qui pour cest effect y sera mise et dressée, etc. (1). »

---

(1) *Le Mercure François*, t. I, p. 277-288. — *Variétés historiques*, etc. (collection elzevirienne), t. II, p. 75-119 : *Histoire des insignes faulsetez et suppositions de Francesco Fava, médecin italien, extraicte du procez qui luy a esté faict par Monsieur le grand Prevost de la connestablie de France.*

M. Edouard Fournier, chargé par M. Jannet de réunir les diffé-

L'affaire de Fava est une des plus curieuses et des plus singulières causes célèbres du XVIIe siècle.

Sur la fin de juin 1611, un certain baron d'Arquy attendait à cinq heures du matin, sur le Pont-Neuf, le sieur de Montescot. A l'arrivée de celui-ci, ils mirent l'épée à la main et l'affaire s'engagea ; Montescot fut d'abord blessé au visage, mais, ripostant vivement, il transperça d'Arquy, qui tomba raide mort. Les passants voulaient l'arrêter, lorsque heureusement pour lui arriva le sieur de Balagny, qui lui donna sa bourse et son cheval et lui fit prendre la fuite.

Cette affaire faillit en amener une seconde entre Balagny et le duc d'Aiguillon, mais enfin cela s'apaisa, et « le corps d'Arquy, par sentence et dernier jugement du Prevost de Paris, fut mené dans un tombereau depuis le Chastelet jusques au bout du Pont-Neuf, où, la sentence leuë, il fut mené au gibet de Montfaucon. Depuis, Montescot aussi fut décapité en effigie (1). »

rentes pièces qui forment la collection des *Variétés historiques*, met en note à propos de celle-ci : « Dans *l'Esprit du Mercure*, publié par Merle en 1810, in-8, se trouve aussi, t. 1, p. 7-24, sous ce titre : (1608) *Cause célèbre*, un exposé très-détaillé de cette curieuse affaire, emprunté sans doute à un numéro de l'ancien *Mercure*, que nous n'avons toutefois pas pu retrouver. »

Nous venons de l'indiquer, c'est dans le t. 1, p. 277-288.

(1) *Le Mercure françois* (publ. par Richer), t. II, p. 131. — « Il y a quelques jours que, sous couleur de rencontre fortuite, il se fit un combat sur le Pont-Neuf; le tué, qui est un d'Arquy, gentil-

Chose semblable arriva quelques années plus tard (1617). Malgré les édits contre les duels, un jeune seigneur Tourangeau se battit près de la rue aux Ours et fut tué. Son cadavre « fut traisné à Montfaucon, ainsi que de deux autres qui en semblable subject furent ignominieusement traisnez. »

Là s'arrête la chronique sanglante de Montfaucon. — Nous venons de donner la liste à peu près exacte des malheureux qui y ont été exécutés; seulement, comme les cadavres des individus suppliciés sur les places de Paris y étaient souvent exposés, nous n'avons pas cru devoir les omettre, et nous avons réuni ici la plupart des misérables qui, bouillis, rompus ou décapités à la Croix du Tiroi, au pilori des Halles, sur la place de Grève, allèrent aux Fourches patibulaires, après leur mort, *garder les moutons à la lune.* De ces _positions, nous n'avons pris que les plus remarquables et celles que l'histoire nous a désignées comme ayant eu lieu réellement à Montfaucon.

homme de M. d'Aiguillon, a été depuis deux jours promené dans un tombereau par plusieurs endroits de la ville, et puis traîné à la voirie; le tueur, qui est un Baronville, fils de Montescot, s'est sauvé en Angleterre, par la recommandation, à ce que l'on dit, de M. le prince de Joinville. Il fera bien de s'y tenir, et, par le traitement que l'on a fait au mort, il jugera ce que l'on feroit au vivant s'il tomboit entre les mains de la justice. » (*Lettres de Malherbe à Peiresc,* p. 211.)

En 1328, Guillaume, doyen de Bruges, eut les mains coupées, fut pilorié, lié sur une roue, les mains attachées autour, et le lendemain, après avoir perdu presque tout son sang, fut transporté à Montfaucon : il était le principal auteur d'une révolte arrivée en Flandre.

En 1377 très-probablement, les nommés Jacques de Rue et Pierre du Tertre, accusés de conspiration, avouèrent leur crime et déclarèrent devant toute la Cour qu'ils se reconnaissaient coupables et méritaient la mort « se le Roy n'en avoit mercy ». Mais celui-ci voulut que justice se fît, « et raison en fust faite, selon le jugement du Parlement, lequel Parlement les condampna estre traynez du pallaiz jusques ès Halles, et là, sur un eschaffault, avoir les testes trenchiéez, et puis escartelez, et pendus leur membres aux quatre portes de Paris, et le corps au gibet. Et ainsi fut fait (1). »

En 1398, les nommés Pierre Tosant et Lancelot Martin, tous deux religieux Augustins, furent décapités aux Halles pour leurs démérites, qui consistaient à avoir mis Charles VI en très-grand danger de mort à

(1) *Le Livre des fais et bonnes meurs du sage Roy Charles V*, par Christine de Pisan, 3ᵉ part., ch. LII (Collect. Michaud et Poujoulat), t. II, p. 121. — FÉLIBIEN et LOBINEAU, t. II, p. 682.

force de lui avoir fait des incisions à la tête, le tout pour le guérir de sa folie. Ils se disaient au duc d'Orléans et avaient touché, en beaux et bons écus, le prix de cette fameuse guérison, pour laquelle ils comptaient probablement sur l'intervention du Ciel, car avant de mourir ils avouèrent qu'ils ne connaissaient rien à la maladie du Roi. Malheureusement ce ne furent pas les seuls qui payèrent de leur vie le danger d'avoir touché à cette tête sans cervelle. « Ils furent donc menés en Grève; et là, sur un échafaud qui tenoit au Saint-Esprit par un pont de bois, tous deux revêtus d'un chasube, d'une aube et des autres ornements qu'ont les Prêtres quand ils disent la Messe. Ensuite, après quelques exhortations, l'Evêque en habits Pontificaux vint à eux pardessus le pont, leur fit raser la couronne et ôter leurs ornemens. Cela fait, s'en étant retourné au Saint-Esprit par le même Pont, aussitôt on acheva de les dépouiller jusqu'à la chemise et à une certaine jacquette; après quoi on les mit dans une charette, liés, pour être conduits aux Halles. Après avoir été décapités et écartelés, leurs corps furent portés à Montfaucon et leurs têtes mises sur deux demi-lances. »

Et au fait, ne lui avaient-ils pas pratiqué des incisions telles que le pauvre imbécile aurait pensé en mourir s'il eût pu seulement penser!

On accusa le duc de Bourgogne de leur mort, sous prétexte qu'il avait à venger la perte de Bar, son

« négromancien et invocateur des Diables », que le duc d'Orléans avait fait brûler (1).

Exécution de Jean Montaigu, vidame du Laonnais, surintendant des finances et Grand-Maître de France sous Charles VI (2). Ce fut Pierre des Essarts qui arrêta lui-même Jean Montagu; les seigneurs de Heilly et de Rubais ainsi que messire Rolant de Hutequerque, tous dévoués au duc de Bourgogne, accompagnaient le Prévôt de Paris dans cette expédition. Ils rencontrèrent Montaigu qui allait avec l'évêque de Chartres, Martin Gouge, entendre la messe au moutier de Saint-Victor. Des Essarts s'avança vers eux et s'écria : *Je mets la main à vous de par l'autorité royale, à moi commise en cette partie.* — Montaigu, « oyant les paroles dudit prévôt, fut fort émerveillé et eut très-grand crémeur

(1) SAUVAL, t. II, p. 595 et 608 ; t. III, p. 258 : « A Robin de Bras et maistre Jean Germe, pour deux tombereaux, attelés chacun de deux chevaux, par eux baillés et livrés, pour faire et accomplir la justice faite à Paris des personnes de frère Pierre Tosant et frère Lancelot Martin, à leurs vivans religieux Augustins, lesquels furent exécutés à Paris pour leurs démérites : esquels deux tombereaux furent menés en plusieurs lieux et carrefours notables de Paris. — A Guillemin de Creux et Guillemin Porret, *clercs*, pour leurs peines et salaires d'avoir écrit et doublé en parchemin, par l'ordonnance des gens du Conseil du Roi, le procès criminel de feu Pierre Tosant et Lancelot Martin, etc. »

(2) Il était fils de Montaigu (ou Montagu), chevalier et chambellan du roi, et de Biette de Cassinel, de la maison de Lucques ; — ce qui répond à l'anonyme de Saint-Denis prétendant qu'il était de *condition médiocre*.

(*crainte*). Mais, tantôt que le cœur lui fut revenu, il répondit audit prévôt : *Et tu, ribaut, traître, comment es-tu si hardi de moi oser attoucher?* Lequel prévôt lui dit : *Il n'en ira pas ainsi que vous cuidez; mais comparerez (paierez) les grands maux que vous avez faicts et perpétrés.* »

Le procès marcha rapidement; Montaigu avait su gagner les bonnes grâces des rois Charles V et Charles VI, et, en devenant Grand-Maître de la Maison du Roi, surintendant des finances et enfin ministre, s'était créé bien des ennemis, un entre autres fort redoutable, le duc de Bourgogne, qui, sur certaines accusations peu fondées, et profitant de la démence du roi, le fit déclarer coupable de lèse-majesté et condamner à avoir la tête tranchée.

« Va, dirent les juges à Pierre des Essarts, et sans demeure, toy accompaigné du peuple de Paris bien armé, prens ton prisonnier et expédie la besongne selon justice, en luy faisant copper la teste doloüaire et mettre ès halles sur une lance. »

Le Prévôt de Paris multiplia les précautions usitées en pareil cas, tant il craignait que Montaigu « ne feust rescous, et pour ce, en allant, il disoit qu'il estoit traistre et coulpable de la maladie du Roy, et qu'il desroboit l'argent des tailles et aides. » Un grand nombre de Bourgeois qu'on avait mis sous les armes formaient la haie au milieu de laquelle devait passer le condamné. « Et le 15e jour du mois d'octobre (1409),

jeudi, fut le dessusdit Grant-Maistre d'Ostel mis en
une charrette vêtu de sa livrée d'une Houpelande de
blanc et de rouge et chapperon de mesmes, une chauce
rouge et l'autre blanche (1), ungs Esperons dorés, les
mains liées devant, une Croix de boys entre ses mains,
haut assis sur la charrette, deux trompettes devant
lui. »

Du Petit-Châtelet aux Halles, tout le long du trajet,
Montaigu baisa avec ardeur la petite croix de bois
qu'il tenait dans la main. Lorsqu'il se fut livré au bourreau, celui-ci « lui coupa la teste du premier coup de
hache et la mit aussitôt au bout d'une lance, et de là il
alla pendre le tronc au gibet de Paris (2); mais on
observa qu'il ne fît aucune mention des causes de sa
condamnation, comme c'est la coutume, et je remar-
queray encore que ceux que les Princes avoient
envoyez pour estre témoins de ses dernières paroles
en furent assez touchez pour manquer au devoir des
Courtisans. Ils en revinrent tristes et pleurans, et, plusieurs s'étant enquis d'eux pourquoy l'on avoit oublié
de faire lecture de l'Arrest à la mort d'un si grand seigneur, ils répondirent qu'il avoit protesté devant toute

(1) « On lui vestit (dit Juvénal des Ursins, p. 248) une robe
my partie de blanc et de rouge, qui estoit comme on disoit sa de-
vise. »

(2) « Et après fut porté le corps au gibet de Paris, et pendu au
plus hault, en chemise, à toutes ses chausses et esperons dorez. »
(LABARRE, 1re partie, p. 2.)

l'Assemblée; qu'il avoit confessé tout ce qu'on avoit voulu, dans la violence de la gehenne; qu'il avoit mesme fait voir qu'il en avoit les mains disloquées, et qu'il estoit rompu par le bas du ventre, mais qu'il avoit persévéré à dire que le Duc d'Orléans et luy n'estoient aucunement coupables de ce qu'on leur avoit imposé, et qu'il demeuroit seulement d'accord qu'ils avoient, à la vérité, mal usé des Finances du Roy, qu'il ne pouvoit nier qu'ils n'eussent trop dissipées. »

Ce fut partout grande tristesse que cette exécution, et, au premier moment lucide qu'eut le roi, il déplora la mort de Montaigu, disant : « que ce fut un jugement trop soubdain et mal faict, venant de haine et de volonté plus que de raison. Et ordonna qu'on allast au gibet et qu'il feut despendu et baillé aux amis pour mectre en terre sainte, et ainsi feut faict. »

Le corps avait été porté au gibet dans un *sac rempli d'épices*, donné par les Célestins de Marcoussi; de plus, ces religieux avaient payé le bourreau afin qu'il veillât sur ce cadavre jusqu'à ce qu'il leur fût permis de l'enterrer.

Or, « par ordonnance de justice, un certain jour (1) le

(1) « Le mardi 17e jour de septembre (1412), jour de saint Cosme et saint Damien, fut despendu, par nuyt, du gibet de Paris, Jean de Montaigu. » (LABARRE, p. 12.)   « Le vingt-huitième jour de septembre l'on alla de la part du Roy et du Duc de Guyenne, avec un grant Convoy de torches, dépendre le tronc du corps de messire Jean de Montagu, etc. » (LE LABOUREUR, t. II, p. 842.)

Prévost de Paris et son bourreau, qui portoit une eschelle, accompagné d'un Prestre vestu d'une aulbe, paré d'un fanon et estolle, avec douze hommes portans grands flambeaux de cire allumez, vindrent aux Halles, et plusieurs Religieux Celestins, tant de Marcoussis que de Paris, avec plusieurs gens d'honneur et estat. Lors le bourreau par ladite eschelle monta et print le chef dudit deffunct de la lance où il estoit fiché, qui fut mis en un beau suaire, que tenoit ledit Prestre, et honnestement enveloppé. Ce fait, en la compagnie du dessusdit, avec leurs flambeaux, fut porté par ledit Prestre en tout honneur et révérence en l'hostel dudit de Montagu, près Sainct-Paul, à Paris. Et le lendemain, en pareille solemnité, le corps, qui estoit au gibet de Montfaucon, fut apporté audit hostel et joint avec le chef, mis et enclos en un beau cercueil (1). »

En cette même année il y eut un jour, aux Halles, onze individus décapités; onze... c'est-à-dire qu'il n'y en eut que dix, car « le onziesme estoit un très-bel jeune filx d'environ vingt-quatre ans. Il fut despoüillé et prest pour bander ses yeux, quand une jeune fille

(1) JUVÉNAL DES URSINS, *Histoire de Charles VI*, p. 248 et 309. — MONSTRELET, *Chroniques*, t. I, p. 92. — LE LABOUREUR, *Histoire de Charles VI*, t. II, p. 712 et 842. — ID., *Les Tombeaux des personnes illustres*, p. 280. — LABARRE, *Mémoires pour servir à l'histoire de France et de Bourgogne*, p. 2, 1re partie. — J. DU BREUL, *Le Théâtre des Antiquitez de Paris*, liv. 4, p. 1282.

née des Halles le vint hardiement demander, et tant
fit par son bon pourchas qu'il fut ramené au Chastellet, et depuis furent espousez ensemble (1). »

« La mort de messire *Maussart du Bos,* Chevalier il-
lustre de Picardie, servira de leçon au danger de mal
parler des grands. » En effet, le crime de Messire Mau-
sart du Bos, ou mieux Maussart du Bois, était d'avoir
manifesté trop ouvertement l'horreur que lui causait
l'assassinat du duc d'Orléans et de s'être déclaré hautement l'ennemi du duc de Bourgogne. Il fut pris à
Saint-Cloud et de là mené au Châtelet, où « il fut
gehenné », et finalement condamné à être décapité aux
Halles.

« Et en la prison où il estoit y avoit autres prisonniers. Et à l'heure qu'ils vouloient prendre leur réfec-
tion à disner, le bourreau avoit la charrette preste en
bas. Et y eut un qui commença à appeler Messire
Maussart du Bois, si hault qu'il l'ouit. Et lors va dire
à ceux qui estoient avec luy : *Mes frères et compai-*
gnons, on m'appelle pour me faire mourir, dont je re-
mercie Dieu, et ne crains point la mort, une fois me fal-
loit-il mourir. Ne jà Dieu ne veuille que j'évite la mort,
pour renoncer à la querelle que j'ai tenue. Et à Dieu vous
dis, mes frères et compaignons, et priez pour moy. Et tous

(1) LABARRE, *Mémoires pour servir à l'histoire de France et de*
Bourgogne, 2ᵉ part., p. 129.

les baisa l'un après l'autre, et feit le signe de la croix, et descendit très-constamment et fermement d'un bon visage et monta en la charrette, et feut mené aux Halles et luy-mesme se despouilla. Et quand il feut en chemise, la rompit devant et luy-mesme la renversoit, pour faire plus beau col à frapper. Et après ce qu'il eut les yeux bandez, le bourreau luy pria qu'il luy pardonnast sa mort, lequel le fit de bon cœur et le pria qu'il le baisast. »

« Et de la force de ses espaules, depuis qu'il ot la teste couppée, bouta le tranchet si fort, qu'à pou tint qu'il ne l'abbaty, dont le Bourreau ot telle freour, car il en mourut à tantost après six jours, et estoit nommé Maistre Guieffroy. — Après fut Bourel Capeluche son varlet. »

Ce Maussart du Bois était très-aimé ; c'était du reste, les historiens sont d'accord là-dessus, *ung des beaux Chevaliers que on peust voir*. — Le bourreau n'osait y toucher, « foison de peuple y avoit ; mais comme tous ploroient à chaudes larmes. Et accomplit le bourreau ce qui luy avoit esté commandé. Et disoit que oncques il n'avoit faict chose si envis, et estoit très-déplaisant d'avoir osté la vie à un si bon et vaillant chevalier. Et advint une chose qu'on tenoit merveilleuse, car au dedans de huict jours ledict bourreau mourut et quatre de ceux qui feurent à le tirer et gehenner (1). »

_____

(1) LE LABOUREUR répète aussi ce fait : « Cette mort fut fort

Cette exécution eut lieu le 16 janvier 1411. Immédiatement après, le corps fut pendu au gibet de Montfaucon (1).

Colinet de Pisex (ou de Puisieux), « cy-devant Capitaine du Pont de Saint-Cloud », ayant livré l'entrée du pont aux Armagnacs, fut exécuté aux Halles avec sept de ses complices, le 12 novembre 1411; son beau-frère, qui était du parti d'Orléans, l'avait gagné à cette cause par l'entremise de sa sœur. Lorsque Colinet fut pris il était déguisé en prêtre et s'était caché tout au haut du clocher de l'église de Saint-Cloud.

« Le jeudi, douzième jour de novembre, audit an (1411), fut mené le faulx traître Colinet de Pisex, lui septiesme, ès Halles de Paris, lui estant en la charrette sur un aiz plus hault que les autres, une croix de fust (*bois*) en ses mains, vestu comme il fut prins, comme un Prestre. En telle manière fut mis en l'eschaffault et dépouillé tout nu, et lui coppa-on la teste à lui

sensible à grand nombre de personnes de condition, qui en parlèrent assez librement, et, pour mieux prouver qu'il y avoit plus de cruauté que de justice, ils ne manquèrent pas de faire remarquer que l'Exécuteur mesme, et que plusieurs de ceux qui l'avoient condamné ou sollicité contre luy. estoient péris en plusieurs manières dans la quinzaine d'un si injuste supplice. »

(1) JUVÉNAL DES URSINS, *Histoire de Charles VI*, p. 299. — LABARRE, *Mémoires pour servir à l'histoire de France et de Bourgogne*, p. 7. — P. DE FÉNIN, *Mémoires*, p. 23. — LE LABOUREUR *Histoire de Charles VI*, t. II, liv. 31, p. 806. — MONSTRELET, *Chroniques*, t. I, p. 140.

sixiesme, et le septiesme fut pendu, car il n'estoit pas de leur faulse Bende. Et ledit Colinet, faulx traistre, fut despécé les quatre membres, et à chascune des maistres Portes de Paris l'un de ses membres pendus et son corps au Gibet, et leurs testes ès Halles sur six places, comme faulx traistres qu'ils estoient. »

« Pour sa femme, elle fut retenuë daus les prisons du Chastelet, parce qu'elle estoit grosse, et l'on disoit publiquement qu'on n'attendoit qu'après ses couches pour la faire décapiter; mais elle évita la honte du supplice par la mort naturelle, qui l'emporta avec son enfant. »

Le 15 septembre 1413, le corps de Colinet de Pisex fut enlevé du gibet, ainsi que ʳes membres des Portes de Paris où ils étaient exposés.

« Et néanmoins il estoit mieulx digne d'estre ars ou baillé aux chiens que d'estre mis en terre benoistre, sauf la chrétienté; mais ainsi faisoient à leur volonté les faulx bandez. » — Inutile de dire que Labarre, dont nous citons les paroles, était tout dévoué à la ʳaison de Bourgogne (1).

Je lis dans Monstrelet (1412) : « Et entre temps ladicte duchesse de Bourbon impétra devers le Roy les

(1) LABARRE, *Mémoires pour servir à l'histoire de France et de Bourgogne*, p. 7. — MONSTRELET, *Chroniques*, t. I, p. 137. — LE LABOUREUR, *Histoire de Charles VI*, t. II, liv. 31, p. 798.

Ducs d'Acquitaine et de Bourgongne, que le corps
de Binet d'Espineuse, jadis Chevalier du Duc de
Bourbon son seigneur et mary, fust osté de Montfaucon, et le chef des Halles, où il avoit esté mis para-
vant par justice du Roy : si le feit porter par plusieurs
de ses amis en la ville d'Espineuse, en la comté de
Clermont, où il fut mis en terre dedans l'Eglise assez
honorablement ».

A la page 141 je lis qu'en 1411 on exécuta aux
Halles un vaillant chevalier, nommé messire Pierre de
Faméchon « lequel estoit de l'hostel et famille du duc
de Bourbon, et fut sa teste mise sur une lance comme
les autres. Pour la mort duquel ledit duc de Bourbon
fut très-fort troublé et courroucé, et par espécial quand
il sceut qu'il avoit esté exécuté et mis honteusement à
mort. »

Ce Binet d'Epineuse et le chevalier de Faméchon n'étaient peut-être qu'une seule et même personne (1)

Il y avait à la tête des Cabochiens un Chevalier
nommé Hélion de Jacqueville qui avait su se rendre
très-redoutable et surtout très-populaire. Un jour il alla
au Châtelet avec quelques-uns de sa faction pour y
voir Messire Jacques de la Rivière et Petit-Mesnil, qui y
étaient détenus, et là les interpella vivement sur cer-

(1) MONSTRELET, *Chroniques*, t. I, p. 157.

tains faits. La Rivière, n'ignorant pas qu'il avait tout à redouter de la colère de cet homme, lui répondit le plus gracieusement possible; mais Jacqueville l'ayant appelé faux, traître et déloyal, il s'écria qu'il en avait menti et qu'il le combattrait, avec la permission du Roy, bien entendu. Jacqueville simplifia la situation : « Et lors ledit Jacqueville, qui avoit une hachette en son poing, la haulsa et frappa tellement ledict de la Rivière sur la teste qu'il le tua. Les aucuns disent que ce feut d'un pot d'estain (1). »

Le 18 juin 1413 (2), « jour de Saint-Landry, vigille

(1) « Et de ce on parla en mainte manière », dit P. de Fenin. En effet, après le récit de Juvénal des Ursins, voici la version de Monstrelet. Il dit que la Rivière était en prison, « où, en luy desespérant, comme on luy meit sus, luy mesmes se frappa d'un pot d'estain plusieurs coups en la teste, tant qu'il s'escervela et mourut ; mais, pour dire la vérité, il fut autrement », et Monstrelet raconte le coup de hachette et conclut : « et luy (de Jacqueville), issu de là, sema et feit semer aval la ville de Paris que luy-mesme dudit pot s'estoit occis, et puis fut tenu pour plusieurs pour vérité. » Aussi Labarre ne donne-t-il que la version du pot d'étain : « Car il estoit mort, et ce estoit tué d'une pinte pleine de vin, dont il s'estoit cassé la teste et la cervelle. » Le Laboureur raconte ainsi l'entrevue de Jacqueville et de la Rivière : « Et en estant venus au démentir, l'autre luy raa un coup de marteau de fer par la teste, qui l'étourdit de soite qu'il ne put parler depuis intelligiblement, et non pas mesmes accuser celuy qui l'avoit assassiné. »

(2) « L'Anonyme de Saint-Denis dit qu'il fut décapité aux Halles le samedi 4 juin. En 1413, le 4 juin tombait un Dimanche. » (*Note de M*lle *Dupont : Pierre de Fénin.*) — « Autrefois, dit Sauval, on exécutait les Criminels les Fêtes et les Dimanches, de même que les autres jours. Le lendemain de Pâques de l'année 1301, une ma-

de la Pentecoste », on traîna jusqu'aux Halles le cadavre de Jacques de la Rivière, ainsi qu'un nommé Symonet Petit-Mesnil (ou Petit-eny, Petit-Maisnel, Jean du Mesnil), « gentilhomme fort bien fait et de bonne mine, Escuyer tranchant du duc de Guyenne. Et celuy-cy fit grande pitié dans toute les ruës où il passa, par les larmes qu'il versoit et par tous les signes qu'il donna d'une parfaite dévotion et d'une contrition extrême. »

Ce malheureux, une croix à la main, était assis dans la charrette à côté du cadavre de la Rivière. Arrivé aux Halles, on décapita le mort et le vivant, leurs têtes furent fichées à deux fers de lances, et les corps, pendus par les aisselles, allèrent se balancer à Montfaucon, attestant que c'étaient bien les bouchers qui régnaient à Paris.

« Le jeudy d'icelle sepmaine de Penthecoste, semblablement Thomelin de Brie (1), qui n'aguères avoit esté page du Roy, fut mis hors du Chastellet avec deux autres et mené ès Halles, et là furent décollez, et les testes mises sur trois lances, et les corps penduz

---

querelle fut exposée à l'échelle de Sainte-Geneviève; Pierre Remi fut mis en croix le jour de saint Marc de l'an 1328, et un Chevalier convaincu de vols, de violemens et de meurtres, fut mis à mort le premier Dimanche du mois de mai 1344. »

(1) « Colin de Brie, dit Labarre, fut traisné comme Symonnet davant dit, et couppé sa teste ès Halles, de ladite Bende, très-plein de tyrannie, très-laide et cruelle personne. »

par les esselles au gibet de Montfaucon : et se faisoient toutes ces besongnes à l'instance et pourchas des Parisiens (1). »

Pierre des Essarts, ex-grand bouteillier de France, favori du duc de Bourgogne, surintendant des finances sous Charles VI, Prévôt de Paris, et, comme tel, appelé *le père du peuple*, venait de se détacher peu à peu de la faction des Cabochiens, à laquelle il avait été longtemps très-dévoué. Le Dauphin lui avait ouvert les portes de la Bastille, et des Essarts, maître de cette forteresse, se préparait à une vigoureuse défense, quand il se vit entouré par vingt mille *Cabochiens*. Effrayé, il se rendit au duc de Bourgogne qui lui promit la vie sauve ; « mais les bouchers et leurs alliez en tenoient bien peu de compte, et feirent faire le procès dudict Messire Pierre des Essars ; et luy imposoit-on plusieurs cas et choses qu'on disoit qu'il avoit commis et perpétré. »

Certes, la vie de l'ancien Prévôt de Paris n'était pas irréprochable ; mais son plus grand crime était d'avoir imprudemment dit qu'il manquait au Tresor deux millions d'écus d'or, et que, si jamais on le mettait en

(1) Juvénal des Ursins, *Histoire de Charles VI*, p. 319. — P. de Fénin, *Mémoires*, p. 34. — Monstrelet, *Chroniques*, t. I, p. 170. — Labarre, *Mémoires pour servir à l'histoire de France et de Bourgogne*, p. 14. — Le Laboureur, *Histoire de Charles VI*, t. II, liv. 33, p. 873. — Sauval, t. II, p. 587.

accusation à ce sujet, il montrerait les reçus du duc de Bourgogne, à qui il avait donné cet argent.

« Je ne diray pas, écrit Le Laboureur, si ce fut à la gehenne qu'il confessa, ou si volontiers il se reconnut coupable des crimes qui luy estoient objectez. » Toujours est-il qu'il fut condamné à être traîné sur une claie, du Palais au Châtelet, et ensuite à être décapité aux Halles (1).

« Le premier jour de juillet 1413, fut ledit Prevost prins dedans le Palais, traîsné sur une claye jusques à la Heaumerie, et puis assis sur ung ais en la charrette tout jus, une croix de bois en sa main, vestu d'une houppelande noire, déchiquetée, fourrée de martres, unes chausses blanches, ungs escasinous (*souliers*) noirs en ces piez.

« Il y fut avec une fermeté de cœur qui donna de l'admiration à tout le monde, car il avoit le visage gay, il regardoit la mort et tout son appareil avec des yeux aussi asseurez que s'il n'eût eu aucune appréhension de ce que les hommes trouvent le plus terrible. Il dit constamment adieu à tout le monde, et il ne désira qu'une grâce, qu'il obtint du juge qui le menoit : ce fust qu'on lui epargnast la honte des crimes portez

(1) J. DU BREUL : « Jusques en l'an 1413 il y a eu une grosse tour que l'on nommoit la Tour du Bois, vis-à-vis de la porte qui retient encore le surnom de l'ancien hôtel de Nesle, et près du lieu où pour lors se tenoit le marché aux moutons, où (selon Corrozet) Pierre des Essars, par auparavant prévost de Paris, fut décapité sous le règne de Charles sixiesme. »

par son procès et qu'on n'en fist la lecture qu'après l'exécution. »

Des Essarts montra en effet beaucoup de courage ; mais cette gaîté, ce visage souriant devant la mort, n'étaient-ils pas peut-être un suprême appel à ceux dont il avait été l'idole quelques années auparavant ?

« Et en le menant, soubrioit, et disoit-on qu'il ne cuidoit pas mourir et qu'il pensoit que le peuple, dont il avoit été fort accoincté et qui encores l'aimoit, le deust rescourre. Et s'il y en eust eu un qui eust commencé, on l'eust rescous Car en le menant ils murmuroient très-fort de ce qu'on luy faisoit. »

Labarre a là-dessus la même opinion que Juvénal des Ursins : « Et si est vray que, depuis qu'il fut mis sur la claye jusques à sa mort, il ne faisoit toujours que rire, comme il faisoit en sa grant majesté, dont le plus de gens le tenoient pour un foul ; car tous ceux qui le veoient plouroient si piteusement, que vous ne ouyssiez oncques parler de plus grans pleurs pour mort d'homme, et lui tout seul rioit , et estoit la pencée que le commun le gardast de mourir. »

Mais, comme le remarquent fort justement MM. de Sismondi et Michelet, les Cabochiens redoutaient les talents, le courage et la cruauté de Pierre des Essarts. Ni le duc de Bourgogne, qui lui avait promis la vie sauve, ni la protection du duc de Guyenne, ni l'affection du peuple, ne firent un effort pour le sauver.

« Et saichiez que, quand il vit qui convenoit qu'il mourust, il s'agenouilla devant le Bourrel et baisa ung petit image d'argent que le Bourrel avoit en sa poitrine, et lui pardonna sa mort moult doucement. »

Il présenta franchement, dit Le Laboureur, son col au bourreau, « qui d'un seul coup luy trencha la teste. Il la mit au bout d'une lance (*et fut mise plus hault que les autres plus de trois piez*, dit Labarre), et le premier jour de juillet il porta le tronc du corps pendre au mesme gibet où le mesme Pierre des Essarts avoit fait attacher peu d'années auparavant celuy de Montagu. » — Et, ajoute Juvénal des Ursins, aucuns disoient : que c'estoit un jugement de Dieu. »

Et comme pour Jehan Montaigu « le vingt-troisiesme jour d'aoust, fut dépendu le devant dit Prevost et Jacques de la Rivière, et furent mis en terre benoiste par nuyt, et n'y avoit que deux torches ; car on le fist très-celéement pour le commun, et furent mis aux Mathurins. »

A propos de l'exécution de Pierre des Essarts, il circula dans Paris une anecdote qui, si elle fait honneur à la perspicacité du duc de Brabant, ne prouve pas en faveur du Prévôt de Paris. Causant un jour avec des Essarts, le duc lui aurait dit : « Prevost de Paris, « Jehan de Montagu a mis vingt et deux ans à soy faire « coupper la teste, mais vrayement vous n'y en mettiez « pas trois. » Et non fist-il, car n'y mist qu'environ deux ans et demy depuis le mot ; et disoit-on par esbattement parmy Paris que ledit Duc estoit Prophète vray disant (1). »

En 1415, « feut prins en son hostel, à la porte de Paris, Robin Copil, pâtissier, et fut dict qu'il estoit banni. Aucuns disent qu'il estoit nouvellement venu de l'ost (*armée*) du duc de Bourgogne, et qu'il avoit escript à ses amis qu'on dict au duc de Bourgogne qu'il s'advançast de venir, et qu'ils estoient plus de quatre mille dedans Paris qui lui ouvriroient une porte. Pourquoy le dict patissier feut décapité ès Halles le Mercredy ensuivant, et porté le corps de nuict au gibet (1). »

Le lundi 20 novembre 1475, on écartela aux Halles, par arrêt du Parlement, un gentilhomme du Poitou, nommé Regnault de Veloux, de la maison de Monseigneur du Maine. Il était accusé de haute trahison. « Et fut ledit Regnault par l'oidonnance de ladicte Court fort secouru, pour le fait de son âme et conscience. Car il luy fut baillé le Curé de la Magde-

---

(1) JUVÉNAL DES URSINS, *Histoire de Charles VI*, p. 321. — LA-BARRE, *Mémoires pour servir à l'histoire de France et de Bourgogne*, p. 14 et 18. — LE LABOUREUR, *Histoire de Charles VI*, t. II, liv. 33, p. 878 et 899. — MONSTRELET, *Chroniques*, t. I, p. 171.   J. DU BREUL, *Le Théâtre des Antiquitez de Paris*, p. 5.   SISMONDI, *Histoire des Français*, t. XII. - MICHELET, *Histoire de France*, t. IV, p. 253.

(2) JUVÉNAL DES URSINS, *Histoire de Charles VI*, p. 410.

leine, Pénitencier de Paris et moult notable Clerc Docteur en Théologie, et deux grans Clercs de l'ordre des Cordeliers, et furent pendus ses membres aux quatre portes de Paris, et le corps au gibet. »

Le 25 décembre, on alla chercher, avec la permission du roi, les membres épars de ce malheureux; « et puis furent portez inhumer et enterrer au Couvent desdits Cordeliers de *Paris*, auquel lieu luy fut fait son service honnorablement, pour le salut et remède de son ame, tout au coust, mises et dépens des parents et amis dudit deffunct Regnault de Veloux (1). »

Le 19 août 1518, fut décapité, par arrêt du Parlement, Christophe Legon, avocat, demeurant à Angers; après l'exécution, son corps fut pendu au gibet de Paris, le tout « pour ses démérites et falcifications ». L'histoire ne nous rapporte que la dernière fourberie de Me Christophe Legon. « Mesmement pour la dernière foys, contre un gentilhomme du pays, nommé monsieur du Boys-Daulphin, pour et à la faveur d'un relligieux de l'ordre de Prémontret, abbé de l'abbaye, pour raison du droict de chasse de quelques boys prétendu par ledict seigneur du Boys-Daulphin contre ledict abbé, pour lequel il avoit falsifié aucunes lettres, par les avoyr frottées d'eaue forte en aucuns lieux d'es-

(1) MONSTRELET, *Chroniques*, t. III, p. 52. — *La Chronique scandaleuse*, p. 121 et 128.

cripture pour y mettre quelque chose contre vérité. »

Six faux témoins qu'il avait subornés furent battus de verges par les carrefours de Paris et au pilori devant Mᵉ Christophe Legon ; il y en eut même un qui fut marqué au front d'un fer chaud. « Et depuys la mort dudict Legon, iceulx faux tesmoings furent encore menez à Angers, où ils furent battuz et fustigez de verges parmi la ville (1). »

En 1539, il se fit aux Halles une exécution par contumace : Jean Frolo « auditeur des basses audictoires du Chastelet », fut condamné pour meurtre à faire amende honorable sur la place du Chastelet, à avoir le poing coupé devant la demeure de sa victime, à être traîné sur une claie jusqu'à la place du Pilori, où on lui trancherait la tête, et enfin à être pendu à Montfaucon. — Ce qui eut lieu *par figure* (2).

Un gentilhomme du Nivernais, François Andras, seigneur de Changy, venait de gagner devant le Par-

(1) *Le Journal d'un bourgeois de Paris*, p. 67.

(2) Sauval., t. III, p. 621 : « A Estienne le Febvre, pour avoir fait ladite figure, quatre livres 8 sols parisis. Pour une torche pesant deux livres de cire, 12 sols parisis. Pour une chemise froncée, pour mettre sur ladite figure, 8 sols parisis. Pour une paire de chausses noires, pour mettre sur ladite figure, 2c sols parisis. Pour le louage d'une robe de drap noir doublée pour les paremens de demie ostade et bordée à l'entour d'avocat, avec un pourpoint de velours noir, 12 sols parisis. »

lement un procès que lui faisaient ses trois beaux-frères au sujet d'une terre qu'ils prétendaient leur appartenir. Il sortait de la messe, lorsqu'il fut abordé par
François Yssot, un de ses anciens domestiques, qui lui
dit : « Monsieur, Dieu vous gard ; je m'en voys au pays,
mon maistre m'a donné congé, vous y plaist-il rien
mander ? — Je te remercie, laquais, dit le sieur de
Changy, vien-t'en disner à mon logis avec moy, là où
j'escriray, et tu porteras les lettres à ma femme de
mon procès que j'ay gagné. » Et il lui dit qu'il restait
à l'enseigne du *Grand Cornet*, près l'église Saint-Gervais. C'était, du reste, tout ce que voulait savoir le
rusé coquin, qui en avertit immédiatement les trois
beaux-frères de de Changy, François, Joachim et
Charles du Chastel. Ceux-ci, avec Yssot et un autre de
leurs domestiques nommé Guillaume Clauseau, allèrent attendre le sieur de Changy, et, comme il sortait
de l'église de Saint-Jean-en Grève et qu'il regagnait
l'enseigne du *Grand Cornet*, tous cinq, bien armés, lui
tombèrent dessus. Il se défendit vaillamment, l'épée à
la main, et en blessa un au nez ; mais, accablé par le
nombre, il tomba mort sur la place. Les assassins
passèrent aussitôt la rivière et coururent se cacher
dans le collége des Lombards.

Promptement prévenue, la justice les y suivit ; le
Procureur du Roi, le Lieutenant-criminel et plus de
quarante sergents à verge envahirent le collége ; bientôt arrêtés, les cinq assassins furent mis au Châtelet,

où leur procès fut fait en grande diligence par maître Guillaume Maillard, lieutenant-criminel, auquel la Cour l'avait spécialement recommandé. Le 28 juillet 1526, les cinq condamnés sortirent du Châtelet pour aller en Grève subir le dernier supplice; les trois gentilshommes, criant à Dieu merci, la tête nue, firent amende honorable devant l'église Saint-Gervais, où avait été enterrée leur victime, et y fondèrent une messe quotidienne pendant un an pour le repos de son âme. Ils laissèrent de l'argent pour une fondation semblable dans le Nivernais, et 6,000 livres à la veuve et aux enfants, sans compter encore quelques rentes comme dommages et intérêts : le reste fut confisqué au profit du roi.

Les trois gentilshommes furent décapités, leurs corps transportés à Montfaucon et leurs têtes mises sur des pieux : celle de François en la place de Grève, celle de Joachim devant la porte Saint-Jacques, et celle de Charles hors la porte Saint-Antoine. Guillaume Clauseau fut pendu, et François Yssot brûlé vif. Leurs corps furent traînés t suspendus à Montfaucon (1).

Le samedi 19 septembre 1528, on pendit à la place Mauber un jeune garçon du pays d'Anjou, âgé seulement de vingt et un ans : jusqu'ici rien que de très ordinaire, « mais par le vouloir de Dieu et de la Vierge

(1) *Le Journal d'un bourgeois de Paris.*

Marie Nostre-Dame-de-Recouvrance des Carmes, à laquelle il s'estoit recommandé quand on le pendist, il fut ressuscité ; c'est assçavoir qu'il fut pendu et estranglé, et que le bourreau le laisa pendu bien l'espace de demie heure. Le vallet dudict bourreau le descendit de ladicte potence par une corde et le mist en la charrette pour le mener au gibet ; luy, estant en la charrette, leva une jambe hault et commença à respirer, dont incontinent ledict vallet luy donna un coup de pied dans l'estomac pour achever de le faire mourir, et incontinent print un cousteau et luy voulut coupper la gorge. Lors d'advanture il y eust une pauvre femme qui estoit là, qui print ledict vallet et cria en luy disant : « Ha, traistre ! le tueras-tu ? Vois-tu « pas que c'est un miracle ? » Lors le pauvre pendu fut secouru de plusieurs personnes et fut porté dedans l'église des Carmes à Paris, devant la glorieuse Dame ; puis il fut mis en une chambre, sur un lit devant le feu, puis fut seigné et donné un breuvage, fut oingt et frotté la gorge et le col d'huilles, et fut un temps sans parler et voir, comme environ au lendemain ; mais à la fin il bust et mangea peu après, et fust environ deux jours qu'il n'avoit mémoire ne congnoissance de rien, ne qu'il eust été pendu. Finalement il lui souvint de tout et rentra en bonne prospérité, moiennant l'aide de la Vierge Marie, à laquelle ils s'estoit toujours recommandé. »

Pendant que s'opérait cette guérison miraculeuse,

le Parlement avait commis à la garde du pendu un huissier et un sergent; puis maître Jean Morin voulut l'avoir; mais, grâce aux sollicitations des bons Carmes, le roi ne se montra pas plus sévère que la Vierge Marie et lui pardonna son méfait.

Il avait, avec deux autres domestiques, enterré le corps de son maître, ignorant, prétendait-il, que celui-ci eût été assassiné. On découvrit, en effet, que l'auteur du crime était la veuve, et qu'elle s'était servie de ses domestiques pour l'aider à faire disparaître le cadavre de son mari, en leur affirmant qu'il était mort subitement. La sainte Vierge, qui, paraît-il, s'occupait de cette affaire, aurait bien dû y penser un peu plus tôt, « car huict jours devant il en avoit été pendu un autre à la place Maubert, qui estoit son compaignon, qui fut pendu et estranglé pour le mesme cas (1). »

Un avocat de Poitiers, le sieur Breton, ayant perdu une cause à Poitiers et à Paris, en conçut un vif ressentiment. « Il prend si bien ceste affaire dans la teste, qu'il s'imagine de vouloir et pouvoir réformer tous les abus de la justice. Il se présente au Roy, il luy parle, on le mesprise. Il s'adresse à M. de Guise, qui ne tient compte de lui respondre. Il va en Guyenne trouver M. de Mayenne, qui le desdaigne. Il va à la Rochelle vers le roy de Navarre, qui ne voulut prendre la

_____

(1) *Le Journal d'un bourgeois de Paris.*

peine de l'escouter. » Enfin, il revint à Paris, et fit
imprimer un livre dans lequel étaient énumérés tout
au long les torts dont, disait-il, la justice s'était rendue coupable envers la veuve et l'orphelin dont il avait
perdu la cause. Il avait eu soin d'entremêler cela de
reproches très-violents au roi et au Parlement; ce
n'était cependant pas un fou que Me Le Breton, « il
étoit homme de lettres, bien vivant et bon catholique,
mais entêté comme un ligueur. » Le livre saisi, auteur et imprimeur furent mis à la Conciergerie, et leur
procès fut bientôt fait. Le Breton fut condamné à être
pendu, son livre brûlé devant lui ; Jean Ducarroy,
maître imprimeur, et Gilles Martin, compositeur, furent condamnés à être battus de verges au pied de la
potence, la corde au cou, et bannis de France pendant
neuf années. Quant à Guiton, serviteur de Le Breton,
il fut seulement banni de la prévôté et vicomté de
Paris pendant un an.

L'exécution eut lieu le 22 novembre 1586, « dans
la cour du Palais, à quelques vingt pas des grands
degrez. » Le Breton « endura la mort avec une assurance
et une magnanimité admirables, et avec un tel regret
de tout le peuple, que, quand on ôta son corps pour le
porter à Montfaucon, le peuple y était en grande foule,
qui lui baisoit les pieds et les mains. Il est enterré en
une moinerie de cette ville, où on lui a fait un service
comme à un bien grand prince, et il n'y a guère religion ou moinerie à Paris où on ne lui en ait fait, les

gens d'église principalement le tenant digne d'être canonisé. »

A la nouvelle de cette exécution, le curé Poncet, qu'on avait mis en prison pour avoir prêché contre le roi, puis relâché en lui faisant quelques remontrances, mais qui avait recommencé, « se coucha au lit, et peu de jours après mourut (1). »

Après l'exposition du cadavre de ce jeune seigneur Tourangeau (le duelliste de la rue aux Ours), exposition qui eut lieu en 1617 et que nous avons citée plus haut, nous ignorons s'il y en eut encore. Quoi qu'il en soit, à partir de ce moment, elles devinrent plus rares, et cessèrent même entièrement vers 1627 ou 1629 (2), à cause du voisinage de l'hôpital Saint-

(1) P.-V. PALMA CAYET, *Chronologie novenaire* (Collect. Michaud et Poujoulat), t. III, p. 32. — *Revue rétrospective*, t. VII, p. 91-108 : *Arrêts et exécutions au XVIe siècle*. — P. DE L'ESTOILE, t. I, p. 320. — FÉLIBIEN et LOBINEAU, t III (*Preuves*).

(2) Cela résulte d'un acte en date du 3 décembre 1627, par lequel le Chapitre Notre-Dame permet à Jean Berthault, conseiller du roi, de faire tirer du plâtre d'une pièce de terre située près de Montfaucon; il lui est toutefois recommandé de ne pas endommager la butte sur laquelle se trouve le gibet de Paris.

Voici à ce sujet une pièce plus importante; elle est de 1619 : « Veu le renvoy fait par le Roy en son conseil, le quinzième janvier dernier, du placet présenté par M. Michel Ménard, advocat au parlement de Paris, tendant à ce qu'il plût à Sa Majesté lui accorder et faire don de neuf arpens de terre, ou plus grande quantité s'il s'y en trouve, ès environ du lieu vulgairement appelé Montfaulcon, les terres où sont bâties les fourches patibulaires, lesquelles terres ont de temps immémorial servi à la voirie de ladite ville pour y

Louis, fondé par Henri IV, vers 1607, pour les pestifé-
rés, et terminé en 1611 (1).

Aussi Claude Le Petit, qui rit de tout, n'avait garde
d'oublier le vieux gibet découronné :

Faisons halte icy par débauche,
Pour regarder les environs,
Et par régal censurons
Ce que je voy là sur la gauche :
Vieil Gibet démantibulé,
Par Enguerrand si signalé ;
Pilliers maudits, que les orfrayes
Ont pris là pour leur tribunal ;
Montfaucon, avecque tes clayes,
Tu fais plus de peur que de mal !

Claude le Petit ! qui sait s'il n'alla pas non plus se

jeter les immondices, et à présent, à cause de l'hôpital Saint-Louis,
ladite voirie a été transportée plus loin, ensemble la restitution des
fruits provenus desdites terres que quelques particuliers se seroient
emparés sans permission de Sa Majesté ; pour desdites terres jouir
par ledit Ménard, ses hoirs et ayans cause à perpétuité en propriété,
et en disposer comme bon lui semblera ; mesme luy permettre de
faire fouiller lesdites terres pour en tirer les pierres à plastre et autres, si aucunes y a, à condition de laisser ung quartier de terre si
besoing est pour enterrer les suppliciés par justice, comme il avoit
accoutumé d'être fait cy-devant, et de ne démolir aucune chose
de ce qui est édifié audit lieu pour marque de ladite Justice, et à la
charge de payer annuellement et perpétuellement..., etc. »

*Archives du Royaume, section administrative. — Extrait des re-
gistres du Conseil d'Etat. —* DE LA VILLEGILLE, *Des Anciennes
Fourches patibulaires de Montfaucon*, p. 89-90.

(1) JAILLOT, *Recherches historiques et topographiques sur Paris
(Quartier Saint-Martin).*

balancer à Montfaucon? (1)... Mais poursuivons.
Sauval dit que de son temps le gibet tombait en rui-

(1) Claude Le Petit est une personnalité qui tient de trop près à
notre sujet pour que nous ne nous y arrêtions pas un instant. C'é-
tait un poëte, et quel poëte ! et ne pourrait-on vraiment pas mettre
ces mots : *Portrait du peintre*, au-dessous de ce sonnet de sa
façon ?

LE POËTE CROTTÉ :

Quand vous verrez un homme, avecque gravité,
En chapeau de clabaud, promener sa savate,
Et, le col étranglé d'une sale cravate,
Marcher arrogamment dessus la chrétienté ;

Barbu comme un sauvage et jusqu'au cu crotté,
D'un haut de chausse noir, sans ceinture et sans patte,
Et de quelques lambeaux d'une vieille buratte,
En tous temps constamment couvrir sa nudité ;

Envisager chacun d'un œil hagard et louche,
Et, mâchant dans les dents quelque terme farouche,
Se ronger jusqu'au sang la corne de ses doigts ;

Quand, dis-je, avec ces traits vous trouverez un homme,
Dites assurément : « C'est un poëte françois ! »
Si quelqu'un vous dément, je l'irai dire à Rome.

Mais Petit « estoit si fatalement pour la satyre et pour les
femmes, qu'il lui estoit aussi impossible de ne point escrire que de
ne point chevaucher » ; et comme sa vie se passait en débauches et
en libertinage, sa poésie était des plus libres et des plus impies, et
son *B....l céleste*, qui renfermait des vers abominables contre la
Sainte-Vierge, le conduisit droit à la Grève.
    C'est lui dont Boileau a dit :

A la fin tous ces jeux que l'athéisme élève
Conduisent tristement le plaisant à la Grève.

A la Grève..., dont Petit s'était bien moqué aussi dans son
Paris ridicule.

LA GRÈVE :

Autre sujet de raillerie,
Autre matière à camouflet ;

nes : « Présentement (1650), la cave est comblée, la porte de la rampe rompue, ses marches brisées : des piliers, à peine y en reste-t-il sur pied trois ou quatre, les autres sont entièrement ou à demi ruinés : la plupart de leurs pierres, entassées les unes sur les autres, confusément, couvrent de ruines une partie de la

> Invoquons d'un coup de sifflet
> Le Démon de la Bernerie.
> A moy, gentil bouffon Momus !
> Je t'enfonce cet *Oremus ;*
> Voy de bon œil ma Pasquinade ;
> Exauce mes vers et mes vœux :
> Si Pégase icy rétrograde,
> C'est à la Grève que j'en veux !

> Malheureux espace de terre,
> Au gibet public consacré ;
> Terrain où l'on a massacré
> Cent fois plus d'hommes qu'à la guerre ;
> Certes, Grève, après maint délict,
> Vous estes, pour mourir, un lit
> Bien commode pour les infâmes,
> Puisqu'ils n'ont qu'à prendre un bateau,
> Et, d'un coup d'aviron, leurs âmes
> S'en vont au Paradis par eau.

On le voit, rien ne lui était sacré, il riait à la potence comme il riait à toute chose, vivant sans plus de crainte de Dieu que de Jean-Guillaume, jusqu'au jour où ce dernier

> Prist la peine
> De danser sur son chien de cou
> Le petit bransle de Poitou.

Le Bulletin du Bouquiniste, no 17, 1er septembre 1857 ; no 69, 1er novembre 1859 ; no 72, 15 décembre 1859 ; no 73, 1er janvier 1860 ; no 77, 1er mars 1860 ; no 78, 15 mars 1860. — *Paris ridicule et burlesque au dix-septième siècle,* par C. Le Petit, Berthod, Colletet, Scarron, etc. (édit. de P. L. Jacob). 1 vol. in-18.

plate-forme de la masse : en un mot, de ce lieu patibulaire, si solidement bâti, à peine la masse en est-
elle encore debout. De l'éminence même sur laquelle
il était élevé, il ne subsiste que la terre, que cette
masse remplit : les environs ont été couverts et sont
convertis en plâtrières. Rien ne s'est garanti des inju-
res du temps et des hommes, qu'une grande croix de
pierre qui semble moderne (1). »

En 1760, comme les faubourgs Saint-Martin et du
Temple commençaient à se peupler, on détruisit le
gibet et on le transporta à l'endroit où est la grande
voirie que l'on appelle aussi Montfaucon ; mais on n'y
pendit plus. — Il en fut de même pour les expositions :
le gibet royal resta comme un symbole de la haute
justice du trône, et l'on ne fit plus qu'enterrer à son
ombre les suppliciés de la place de Grève. Le patient
auquel on venait d'arracher la vie était transporté
dans la salle basse du Pilori ; vers minuit, le bourreau, assisté de ses aides, prenait le cadavre, le mettait dans une voiture et le conduisait, sans autre
appareil, jusqu'à l'enclos des Fourches patibulaires,
où le matin on avait creusé une fosse. Le corps y
était descendu, recouvert de terre, et personne n'eût
pu le lendemain retrouver trace de la tombe mau-
dite.

(1) SAUVAL, t. II, p. 585.

Après le 21 janvier 1790 les pilliers restants furent détruits, et les blocs de grès achetés par un plâtrier nommé Fessard. — C'est avec eux qu'on a bâti le parapet le long duquel s'arrêtaient les voitures de vidanges.

Se vous clamons, frères, pas n'en devez

Avoir desdaing, qvoyque fusmes occis

Par justice. Toutesfois, vous sçavez.

Que tous les hommes n'ont pas bon sens assis ;

Intercédez doncques, de cueur rassis,

Envers le Filz de la Vierge Marie :

Que sa grace ne soit pour nous tarie,

Nous préservant de l'infernale fouldre.

Nous sommes mors, ame ne nous harie ;

Mais priez Dieu que tous nous veuille absoudre !

OUVRAGES CITÉS.

SAUVAL. Histoire et antiquités de la ville de Paris. 1724. 3 vol. in-fol.

LE PETIT (C.). La Chronique scandaleuse, ou Paris ridicule. (Paris ridicule et burlesque au XVIIe siècle. 1857. 1 vol. in-18.)

COLLETET (F.). Le Tracas de Paris. (Id.)

GIRAULT (X.). Dissertation historique sur le lieu de supplice de Brunehaut. 1811. In-8.

HUGO (V.). Notre-Dame de Paris. 1853. 1 vol. in-8.

LOYSEAU (C.). Les Traitez des Seigneuries. 1678. 1 vol. in-fol.

MARESCHAL (M.). Traicté des Droicts honorifiques des seigneurs ès églises. 1665. 1 vol. in-4.

Revue rétrospective. 1833-1838. In-8.

JAILLOT. Recherches critiques, historiques et topographiques sur la ville de Paris. 1762. 5 vol. in-8.

PIGANIOL DE LA FORCE. Description historique de la ville de Paris. 10 vol. in-12.

DE LA VILLECILLE. Des Anciennes Fourches patibulaires de Montfaucon. 1836. 1 vol. in-8.

ADENÈS. Li Roman de Berte aus grans piés. 1832. 1 vol. in-12.

La Satyre Ménippée. 1824. 2 vol. in-8.

L'ESTOILE (P.). Journal de Henri III et de Henri IV. (Collect. Petitot.) 5 vol. in-8.

DULAURE. Histoire de la ville de Paris. In-12.

MICHEL (F.). Etudes de philologie comparée sur l'argot. 1856. 1 vol. in-8.

Le Roman du Renart.

Le premier volume des Catholiques Œuvres et Actes des Apôtres. 1541.

DE L'ARIVEY (P.). Le Morfondu.

Les Péripatétiques Résolutions et remontrances sententieuses du docteur Bruscambille aux perturbateurs de l'Estat. (Édit. des *Joyeusetez*).

D'ASSOUCY. Les Œuvres de Monsieur d'Assoucy.

OUDIN. Curiositez françoises.

Le Mistère de la Passion de J.-C. (Édit. de Vérard.) 1490.

Le Facétieux Réveille-matin des esprits mélancholiques. 1654.

B. DE V. Le Moyen de parvenir.

DES PÉRIERS (B.). Contes et joyeux devis.

VILLON (F.). Œuvres complètes. (Collect. Elzévirienne.) 1854. 1 vol. in-16.

LEBEUF. Dissertation sur l'histoire civile et ecclésiastique.

Anciens arrêts extraits des registres *Olim*.

Registres de la Tournelle criminelle.

MÉZERAY. Abrégé chronologique de l'histoire de France. 1667. 3 vol. in-fol.

ID.   Histoire de France. 1643. 3 vol. in-fol.

Les Grandes Chroniques de Saint-Denys. (Collect. Michaud et Poujoulat.)

Bibliothèque de l'École des Chartes. In-8.

RIOLAN (J.). Opuscules anatomiques.

La Complainte et le Jeu de Pierre de la Broce, chambellan de Philippe le Hardi. 1835. In-8.

DANIEL (G.). Histoire de France. (Édit. du P. Griffet.) 1761. 17 vol. in-4.

DE NANGIS (G.). Chronique latine. (Édit. de H. Géraud.) 1843. 2 vol. in-8.

BELLEFOREST. Histoire des Neuf Roys Charles de France. 1568. 1 vol. in-fol.

SAINT-FOIX. Essais historiques sur Paris. (5e édit.) 1776. 7 vol. in-12.

LA CROIX DU MAINE et DU VERDIER. Les Bibliothèques françoises. (Édit. de Rigoley de Juvigny.) 1772. 6 vol. in-4.

CORROZET (G.). Les Antiquitez, histoires et singularitez de Paris, ville capitale du royaume de France. 1550. 1 vol. in-8.

VAISSETTE (J.). Histoire générale du Languedoc.

BRICE (G.). Description de Paris. 1752. 4 vol. in-12.

JUVÉNAL DES URSINS. Histoire de Charles VI. 1614.

LE LABOUREUR. Histoire de Charles VI, roy de France. 2 vol. pet. in-fol.

BRANTOME. Œuvres complètes. (Édit. du *Panthéon littéraire.*)

MONSTRELET. Chroniques d'Enguerrand de Monstrelet. 1595. 3 vol. pet. in-fol.

LABARRE. Mémoires pour servir à l'histoire de France et de Bourgogne. 1729. 1 vol. in-4.

La Chronique scandaleuse.

COMINES (P. DE). Mémoires (Édit. de Lenglet du Fresnoy.) 1747. 4 vol. in-4.

BARBIER. Chronique de la régence et du règne de Louis XV, 1718-1763. (Édit. Charpentier.) 8 vol. in-12.

LISLE. Du Suicide : statistique, médecine, histoire et législation. 1855. 1 vol. in-8.

GAUTIER (TH.). Les Grotesques. 1856. 1 vol. in-18.

CIMBER et DANJOU. Archives curieuses de l'Histoire de France, depuis Louis XI jusqu'à Louis XVIII. 1837-1840. 27 vol. in-8.

MOLINET (J.). Les Faicts et Dicts de feu de bonne mémoire maistre Jehan Molinet. 1540. 1 vol. in-12.

Le Journal d'un bourgeois de Paris sous le règne de François Ier. (Édit. de L. Lalanne.)

GIRAULT DE SAINT-FARGEAU. Les Quarante-huit Quartiers de Paris. (3e édit.)

MAROT (C.). Œuvres complètes.

BÈZE (T. DE). Œuvres.

AMELOT DE LA HOUSSAIE. Mémoires historiques, politiques, critiques et littéraires. 1722. In-12.

VARILLAS. Histoire de François Ier. 1685. 2 vol. in-4.

BOURDIGNÉ (J. DE). Chronique d'Anjou.

BOUCHET (J.(. Annales d'Aquitaine.

DREUX DU RADIER. Récréations historiques, critiques, morales et d'érudition. In-12.

MALINGRE. Annales de Paris. In-fol.

Les Archives du Royaume.

LA PONNERAYE. Histoire de l'amiral Coligny. 1830. 1 vol. in-8.

D'AUBIGNÉ. Histoire universelle. 1620. 3 vol. in-fol.

ID. Les Tragiques. (Collect. Elzév.) 1 vol. in-16.

Le Mercure françois, ou Suite de l'Histoire de la paix, commençant à l'année 1605. 1611-1643. 25 vol. in-12.

Variétés historiques et littéraires. (Collect. Elzévirienne.)

Lettres de Malherbe à Peiresc.

CHRISTINE DE PISAN. Le Livre des fais et bonnes meurs du sage Roy Charles V. (Collect. Michaud et Poujoulat.)

LE LABOUREUR. Les Tombeaux des personnes illustres. 1642. 1 vol. in-4.

DU BREUL (J.). Le Théâtre des Antiquitez de Paris. 1612. 1 vol. in-4.

DE FÉNIN (P.). Mémoires. (Publ. par Mlle Dupont.) 1837. 1 vol. in-8.

SISMONDI. Histoire des Français.

MICHELET (J.). Histoire de France.

PALMA-CAYET (P.-V.). Chronologie novenaire. (Collect. Michaud et Poujoulat.)

BOILEAU. Œuvres.

Le Bulletin du Bouquiniste. (Librairie Aubry.)

FÉLIBIEN et LOBINEAU. Histoire de la ville de Paris. 1725. 5 vol. in-fol.

ACHEVÉ D'IMPRIMER

Pour la première fois à Paris

Le 5 mai 1863

PAR JOUAUST ET FILS

POUR AUG. AUBRY, LIBRAIRE A PARIS

———————

Tiré à 500 exemplaires

www.ingramcontent.com/pod-product-compliance
Lightning Source LLC
Chambersburg PA
CBHW052127090426
42741CB00009B/1987